대육임필법부

100법 예제 정단해석

이필문 지음

공감북스

大六壬畢法賦 100法豫題 正斷解釋 를 들어가며

고대 인류는 자연에 대한 과학적인 지식이 부족하였기 때문에 대다수 자연현상에 대한 합리적인 해석이 불가능하였다. 그리하여 자연현상을 경외시 하고, 종교적 관념을 소박한 자연에 투영하였다. 우주 자연의 섭리라든지 대자연이라는 용어는, 그러한 관념에서 나온 것이라 할 수 있다. 또한 인간은 어떤일이 직면하여 의심이 발생하면, 귀신에게 물어보는 占을 통해서 문제를 해결하고자 하였다.

육임학은 서양철학의 존재론(ontology), 인식론(epistemology), 가치론(axiology)의 범주로 나눌 수 없다. 동양철학 개념인 中의 이론이나 義理學적인 儒家思想, 道家의 無爲자연을 중심으로 하는 초월적 사유라기보다는 易術의 범주에 해당한다고 볼 수 있다. 즉, 육임학은 음양오행설을 바탕으로 하고 상수체계 원리로써 접목하여 공간과 시간의 현상으로 인간의 길·흉·화·복을 예측하는 占學이라 볼 수 있다. 따라서 육임학은 결국 인식과 논리를 중요시 하는 철학적 사유체계로 접근하는 것이 아니라 공존하는 인간의 생사여탈과 길흉화복을 일정한 원리로 밝혀내는 점서에 해당하는 것이다.

따라서 易術의 한 카테고리로서 보아야 할 것이다. 육임학은 실재하는 天氣와 地氣의 기운에서 나누어지는 술수학으로 가정해 볼 때, 우주론과 상수학에 바탕을 둔 예측을 窮究하여 기운의 象으로 판단하는 것이다. 한편, 天·地·人의 상태를 통한 豫斷의 성격도 가진다. 이것은 인간만사를 관장하여 占을 대입하는 술수적인 것으로 인식론적 사고와 논리를 철저히 배제한 학문이다.

太乙, 奇門, 六壬은 옛날부터 三式이라 부른다. 칠정점성학·자평팔자·자미두수·육효역괘 ·매화역수·측자 등의 술수가 아직 흥성하기 전에 도가, 음양가들은 삼식을 끊임없이 진기한 보배로 삼았다. 종래는 삼식에 능한 왕(周文王, 吳王)에서 책사인 姜太公, 伍子胥, 范蠡, 勾踐, 張良, 劉邦, 諸葛良, 李靖, 元室, 耶律純 劉伯溫에 이르기까지 어지러운 세상을 바로잡는 撥亂反正의 군사

인물들은 三式을 두루 갖추고 있었다. 그러나 삼식은 불변의 학문이지만 일반인이 습득하고 사용하기가 어려워 식자에게 근근이 전해져 내려왔다. 이런 삼식은 玄女의 말씀에 의해 전해진다고 하지만, 이것은 고찰된 바가 없다. 삼식 중에서 태을은 하늘의 기운을 주로 살피고 기문은 땅을 으뜸으로 중요시하고 육임은 인간 만사를 두루 살피는 학문으로 각각 성장하고 발전하였다.

그러나 현실적으로 국내에는 육임 전문서적이 미흡하다보니 자연히 중국서적이나 고전에 천착하여 많은 시간과 열정을 번거롭게 쓰고 있는 것도 지금의 현실이다. 더욱 심각한 것은 육임학을 탐구하고 진리를 밝히려는 학인의 수가 점점 적어진다는 것이 저자의 입장에서 아쉬움과 애석함을 금할 길이 없다.

이번 출간되는 MODERN 大六壬 正斷事例精解는 인간백사에 해당하는 모든 모망사를 정리하여 학인들이 쉽게 이해할 수 있는 실전위주의 예제를 택하여 실제 정단이 이루어진 사례 해석집과 그에 따른 필법 적용을 별도로 적용 하였고, 大六壬畢法賦 各 例題別 正斷解釋은 필법1법 시작으로 마지막 100법에 해당하는 예제를 각 법에 맞추어 실전으로 풀이한 해제집이다.

부디 육임학을 수행하는 모든 학인의 지침서가 되기를 간절한 마음으로 본서를 출간하게 되었음을 하는 바람이다. 올 경자년은 유난히도 다사다난 했던 한해인 것 같다. 특히 정초부터 극성을 부리던 대재난인 코로나는 시간이 갈수록 정점에 이를 때 어려움을 감수하시며 졸본을 출간해주신 공감북스의 김응수 사장님께 송구할 따름이다. 또한 난문 투성이 원고를 편집해주신 이경희 편집장님께 심심한 감사를 표한다. 저무는 한해 모든 사람들이 어려움을 극복하여 다음해는 행복한 한해가 되기를 기원해 본다.

庚子年 丁亥月

江邊 둥지에서 一目 李弼文.

大六壬畢法賦 100法 豫題 正斷解釋 目次

大六壬畢法賦

100法豫題正斷解釋

第 1 法전후인종승천길(前後引從陞遷吉)

解說 **앞과 뒤에서 이끌고 따르면 승진과 이사에 길하다.**
일간을 이끌면 관직자 승진에 좋고, 일지를 이끌면 이사에 좋다.

1. 공귀격(拱貴格) : 양쪽에 귀인을 껴안고 있는 격 관직은 승진발탁 되고 모든 일은 최고로 길하다.

2. 양귀인종천간격(兩貴引從天干格) : 양 귀인(주,야귀인)이 천간을 이끌고 따르는 격. 관직은 천거를 받고 고시생은 높은 성적으로 합격 한다.

3. 초말인종지지격(初末引從地支格) : 초전과 말전에서 지지를 이끌고 쫓는 격. 가택의 이사와 수리에 길하다.

4. 주야귀인임간지상(晝夜貴人臨干支上) : 주야 귀인이 간지 위에 임한 격. 양귀인의 주선을 득하여 성사된다.

5. 이귀공년명격(二貴拱年命格) : 양 귀인에서 행년과 본명을 껴안는 격. 귀인에게 부탁하거나 귀인사에 해당된다.

6. 간지공정일록격(干支拱定日祿格) : 간지가 일록을 껴안아서 정하는 격. 오로지 복음과에서 적당하며 식록사에 길하다.

7. 간지공야귀주귀격(干支拱夜貴晝貴格) : 간지가 밤 귀인과 낮 귀인을 껴안는 격. 복음괘로서 귀인에게 부탁하는 일은 길하다.

8. 초중공지반귀인격(初中拱地盤貴人格) : 초전과 중전에서 지반 귀인을 껴안는 격. 귀인을 만나 일을 성사 하기에 좋다.

豫題1 대지 300평에 대한 매매 吉凶 여부

壬申年 甲辰月 庚辰日 辰時 酉將 (空-申酉) (命-壬辰 年-辰) 借客夜占

戊	癸	丙
寅 白	未 貴	子 青
酉 ○	寅	未

丁	壬	○	戊
丑 空	午 后	酉 朱	寅 白
庚 申	丑	辰	酉 ○

甲 戌 合 巳	乙 亥 勾 午	丙 子 青 未	丁 丑 空 申 ○
○ 酉 朱 辰	庚辰日 8局		戊 寅 白 酉 ○
○ 申 匕 卯			己 卯 常 戌
癸 未 貴 寅	壬 午 后 丑	辛 巳 陰 子	庚 辰 玄 亥

■ **課體** : 重審課 · 驀越格 · 引從格

■ **占斷** : 개시 한, 두달내에는 쉽지않고 탈수(脫手)를 당하고 6월에서야 구재에 이익이 있다.

■ **課象分析**

1. 초전 寅木은 財星으로 공망(함공)이 되고 수극(협극)을 당한다.

2. 삼전은 寅·未·子로 일간 庚金은 초전 寅木을 극하고, 또 초전은 중전 未土를 극하고, 중전은 말전 子水를 극한다. 구재대획(求財大獲) 이 된다. 『畢法賦』 32法의 「삼전호극중인기(三傳互剋衆人期)」 에서 파생된 구재대획격(求財大獲格)이다.

3. 초전寅은 말전子에 도달한다. 일귀(日貴)인 중전 未를 공협(拱夾)한다.

『畢法賦』 1法에 「전후인종승천길(前後引從陞遷吉)」 에서 파생된 1-1 공귀격(拱貴格)이다.

4. 夜占에서 丑土는 일간의 묘신을 복(覆)한다. 중전 未 귀인과 冲을 한다. 따라서 응기는 6월이다.

5. 구점인의 年命은 모두 辰이다. 그 상신 酉는 월장이다. 그러므로 운세가 바르고 아름답다.

점인의 정단 후, 가옥과 토지가 지역의 개발이 불경기로 인하여 지연 되는 상황에서 토지매매가 예측한 만큼 좋지 못했다. 그 당시 매 평당 4만 2천원의 토지가격이 형성되어 있었다. 따라서 너무 기대와 다 르게 되어 차마 팔지 못하고 있었으나, 5월 이후부터 토지가격이 상승 되어 배 띄우고 물들어 오듯 높은 가격으로 상승되어 6월에는 5만 5 천원으로 매매가격이 형성되어 크게 이익을 본 예이다.

『六壬大典鈴』 에서 「기재선비 시획후리(己財先費 始獲後利)」 "처음에 비용이 들어가고, 후에 크게 얻는다" 라고 묘사했다. 본 과전의 초전이 말전을 引從하여 일간귀인을 이끄는 상의 과상이다.

第 2 法 수미상견시종의(首尾相見始終宜)

解說 **순수와 순미가 마주 보이면 처음부터 좋다.**

순수와 순미가 간지에 임할 경우, 공격을 하면 반드시 성취하고, 전쟁을 하면 반드시 성공한다. 유일하게 이산사(離散事)는 불리하다.

1. 천심격(天心格): 태세 월건과 일건, 시건 모두 사과(四課) 안에 있 는 것 관직자는 관직을 구하는 일은 길하게 작용하나, 사적인 일에는 재앙이고 질병과 소송정단, 출산등의 우환과 의혹사는 나쁘다.

2. 회환격(回還格) : 삼전의 신이 사과에 모두 임한다. 모망사는 이루고 길사와 흉사 모두 이룬다.

豫題2 **吳先生이 주식 매입했을 때 주가의 향방**

壬申年 庚戌月 丁卯日 申時 辰將 (空-戌亥) (命-甲午 年-辰) 晝占

辛	丁	○
常 未	勾 卯	貴 亥
亥 ○	未	卯

丁	○	○	辛
勾 卯	貴 亥	貴 亥	常 未
丁 未	卯	卯	亥 ○

朱 乙 丑 巳	合 丙 寅 午	勾 丁 卯 未	青 戊 (辰) 申
ヒ 甲 子 辰	丁卯日 5局		空 己 己 酉
貴 ○ 亥 卯			白 庚 午 戌
勾 ○ 戊 寅	陰 癸 酉 丑	玄 壬 申 子	常 辛 未 亥○

■ **課體** : 元首課 · 曲直格 · 不備格 · 回還格

■ **占斷** : 단기간 내에는 이익이 없다. 81년에는 가격이 하락하고, 기다리면 明 年 봄에는 많이 오를 것이다.

■ **課象分析**

1. 초전 未는 공향(空鄕)이 되고 말전 역시 순공이다. 삼전이 木合局으로 干을 생한다 그러나 未는 사계(四季)를 봉하여 사령을 하고 木局 은 휴시가 된다. 따라서 생이 무력해 보인다.

2. 과전은 순환이 되어 회환격이 된다. 간은 전하여 지진이 되고, 순환하여 발용했다. 일은 막힘이 많고 어려움이 많다. 이를 『畢法補談』에서 「삼전회환수구의(三傳迴還守舊宜)」라 하여, 삼전이 회환이면, 옛 것을 지킴이 마땅하다 하였다.

3. 겨울 계절에 水가 旺하여 일간을 극하고 삼전의局 가운데 亥水는 공망이 되었다. 또한 겨울에 협극이 되니, 일이 순조롭게 진행되지 않는다. 봄을 기다린 후에 木局이 왕상해 지면 일간인 丁火를 생하는 것이 가능하다. 이때 生이 능히 生이 된다. 따라서 반드시 가격이 오른다.

4. 구점인의 본명 午 상신 寅木은 일간을 생한다. 또 행년 辰 상신 子水는 등사의 흉장이 승하여 일간을 극한다. 놀라고 의심스러움을 면할 수 없다. 짧은 기간에는 불리하다.

5. 육처에 財爻와 청룡의 유신을 볼 수 없다. 이는 구재에 불리하다.

구점인이 해석을 듣고난 이후에 투기위주의 단기매입은 이익을 볼 수 없다. 81년 평균가격 53만원이었으나, 82년에 와서 봄 지난 후 점차 오르기 시작해서 가세가 불어났다.

第 3 法 염막귀인고갑제(簾幕貴人高甲第)

解說 **염막귀인은 높은 성적으로 장원 급제한다.**

염막귀인은 주간점에서의 야간귀인이고 야간귀인에서의 주간귀인으로 정단인의 행년과 본명 위에 임하거나 일간 위에 임하면 시험은 반드시 높은 성적으로 합격한다. 관직자가 득 할 경우는 휴직을 한다.

1. 두귀상가격(斗鬼相加格) : 丑未가 서로 가임하여 일간, 년명에 임할때, 과거 시험에 장원급제 한다.

2. 아귀성(亞魁星) : 酉가 일간, 년명에 임할 때. 시험정단 에서 반드시 높은 성적으로 합격한다.

3. 덕입천문격(德入天干格) : 일덕이 천문 亥에 가임된다. 고시생은 반드시 높은 성적으로 합격한다.

4. 진주작격(眞朱雀格) : 주작이 午를 타서 태세를 생할 때. 시험 정단에서 시험은 반드시 높은 성적으로 합격한다.

5. 원소근단격(源消根斷格) : 사과의 지반이 그 상신으로부터 모두 탈기 되는 것으로 질병정단 에서는 반드시 생명을 유지하지 못하고 모든 정단은 모두 탈모를 이룬다.

6. 점무거(占武擧) : 申이 午에 가임 될 때. 무관 관직에 이롭다.

豫題3 **출판사에 시험을 응시했다. 可否**

(위천리, 점복강의:)p170

丁丑年 乙巳月 己未日 卯時 申將 (空-子丑) (命- 0　年- 0) 借客夜占

丁	壬	乙
巳 玄	戌 朱	卯 白
子 ○	巳	戌

○	丁		丁
子 勾	巳 玄	子 勾	巳 玄
己 未	子 ○	未	子

<table>
<tr><td>壬
戌 朱
巳</td><td>癸
亥 合
午</td><td>○
子 勾
未</td><td>○
丑 靑
申</td></tr>
<tr><td>辛
酉 ヒ
辰</td><td rowspan="2" colspan="2">己未日
8局</td><td>甲
寅 空
酉</td></tr>
<tr><td>庚
申 貴
卯</td><td>乙
卯 白
戌</td></tr>
<tr><td>己
未 后
寅</td><td>戊
午 陰
丑 ○</td><td>丁
巳 玄
子 ○</td><td>丙
辰 常
亥</td></tr>
</table>

■ **課體** : 知一課 · 鑄印格 · 勵德格 · 絶詞格

■ **占斷** : 응시 중 반드시 두 번 시험을 치르고 채용되었다.

■ **課象分析**

1. 주인격인 巳·戌·卯는 고시점에 유리하다.

2. 밤 점에서 일간상신 子水는 염막귀인이 되어 간상에 임했다.

3. 오로지 초전 巳는 丁馬를 아우르고 공함으로 떨어졌다. 다행히 말전이 초전을 도와 일간을 생한다.

時는 막힘(剋)이 있고 月은 남는(生)다. 2인의 합격자가 나와서 다시 시험을 보아 회계부서에 근무했다.

■ **문제점**

1. 일간상신 子水는 염막귀인이다. 염막귀인이 순공이 되어 귀인의 역할을 전혀 사용할 수 없다.

2. 巳·戌·卯 주인격은 여름 정단에서는 사용할 수 없다. 인장이 녹아나는 파인손모(破印損耗)가 되어서 채용이 불가하다.

第 4 法 최관사자부관기(催官使者赴官期)

解說 **일간의 귀살에 백호가 승하여 일간 • 년명에 임한다.**

최관사자는 관리에 임명되는 것을 말한다.(구성은 백호, 귀살, 역마)

1. 최관부(催官符) : 일간과 년·명 상의 관성일때 이다. 관직 정단에서 길하다.

2. 은주거천(悖主擧薦) : 육처에 부모효 또는 장생에 귀인이 승할 때. 생계와 식록에 적용된다.

3. 사시반본살(四時反本殺) : 삼전의 관성이 실령될 때이다. 부임은 극도로 지체된다. (春-金局, 夏-水局, 秋-火局, 冬-土局)

豫題4 **어떤일로 방문하였나?**

乙亥年 乙酉月 癸卯日 申時 巳將 (空-辰巳) (命-丁亥 年-寅) 書占

戊	乙	○
白 戊	陰 未	匕 辰
丑	戊	未

戊	乙	庚	丁
白 戊	陰 未	青 子	常 酉
癸 丑	戊	卯	子

合 壬寅巳○	朱 癸卯午	匕 ○辰未	貴 ○㊀巳申
勾 辛丑辰○	癸卯日 4局		后 甲午酉
青 庚子卯			陰 乙未戌
空 己亥寅	白 戊戌丑	常 丁酉子	玄 丙申亥

■ **課體** : 元首課 · 稼蓄格 · 斬官格

■ **占斷** : 내방의 뜻을 추측하면 승진사 혹은 질병사이다.
이번 정단은 임직인사이고 승천사에 임했다. 승진가 망사이다.

■ **課象分析**

1. 일간상신 戌 은 관귀살이며 백호가 승했다. 최관사자이다. 또 초전 발용이 되었다.「최관사자부관기(催官使者赴官期)」이다. 이 뜻은 관리가 되는 승진사 때문에 찾아온 것이다. 또한 삼전이 삼중으로 귀살이다. 그리고 일간에 임했다. 질병의 상 일 수 있다. 비뇨계통의 질병이다.

2. 본명 亥 상신 申은 일간의 장생이다. 새롭게 만드는 것이 주가된다. 또 새로운 기운의 상이다. 그리고 행년 寅의 상신 亥는 비록 천공이 승했으나 태세를 봉하여 일간을 돕고 있다.

3. 발용 戌은 9월의 승진의 상이다.

4. 본 課는 아름답지 못하고 傳은 공망으로 향한다. 또 말전 辰은 초전 戌과 冲을 하여 호두사미(虎頭蛇尾)를 방비 하여야 한다.

5. 관귀효가 중중하다. 흉장이 많이 승했다. 이는 무관에 유리하고 문관에 불리하고 군인의 진급이며 무관에 속한다.

☞ 여기에서 의문이 되는 것은 관귀(官鬼)가 중중한데 어떻게 진급이 가능할까이다. 인반적으로 관귀는 무관(武官)의 유신이 된다.
따라서 비록 말전이 공망이 되어도 초전의 戌 과 충이 되어 해공을 하므로 관귀효가 살아난다.

第 5 法 육양수족수공용(六陽數足須公用)

解說 **사과 삼전이 모두 양(陽)일 때 사적인 일은 凶하고 공적인 일은 吉하고 관직은 승천한다.**

1. 육양격(六陽格) : 과전에서 여섯 陽을 갖춘 격. 공적인 용무는 좋고 사적인 용무는 얻지 못한다.

2. 패려격역명도발사(悖戾格亦名倒拔蛇) : 삼전이 퇴간전일 때. 일은 장애가 생기고 어렵다.

3. 오양격(五陽格) : 다섯 양을 과전에서 갖춘 격. 여기에서 정단인의 년·명에서 메워주면 육양격이 된다. 공적인 일은 밝고 사적인 일은 어둡다.

豫題5 **돈을 돌려 받을 수 있는가?**

癸酉年 庚申月 甲子日 辰時 午將 (空-戌亥) (命-壬寅 年-丑) 借客夜占

戊	庚	壬
辰 合	午 青	申 白
寅	辰	午

戊	庚	丙	戊
辰 合	午 青	寅 匕	辰 合
甲 寅	辰	子	寅

辛 未 空 巳	壬 申 白 午	癸 酉 常 未	○ 戌 玄 申
庚 (午) 青 辰	甲子日 11局		○ 亥 陰 酉
己 巳 勾 卯			甲 子 后 戌 ○
戊 辰 合 寅	丁 卯 朱 丑	丙 寅 匕 子	乙 丑 貴 亥 ○

■ **課體** : 重審課 · 不備格 · 斬關格 · 登三天格 · 狡童格

■ **占斷** : 현재 진선생은 돈이 없어서 돈을 갚지 못하지만 간사한 사람은 아니다. 다만 남여 분쟁으로 인하여 모욕적인 다툼으로 갚지 않는 다고 떠벌릴 뿐이다. 만약 그렇지 않다면 얼마라도 조금씩 갚을 것이다. 이는 굴욕을 당하였기 때문이다. 따라서 압박을 가하여도 돈을 모두 받을 수 없다.

■ **課象分析**

1. 지진을 채무자 진선생으로 보고, 그 상신 寅은 흉장인 등사가 승했다. 등사의 뜻은 놀라움과 의아함이 주가 된다. 비뚤어지고 성남, 뻔뻔스러움과 진노함이 된다.

2. 지진의 양신 寅은 일간의 록이다. 또 음신 辰은 甲日의 財가 된다. 따라서 진선생은 금전적으로 돈이 있는 사람이다.

3. 본 과식은 불비이다. 또 교동격이다. 남녀 감정이 관련되어 있다.

4. 사과 삼전이 모두 六陽으로 된 조합이다. 『畢法賦』 5法에서는 「육양수족수공용(六陽雖足須公用)」이라 하여, 모든 점은 공적인 일은 이롭고 사적인 것은 불리하다. 따라서 진선생의 남녀 감정 다 툼인 사적인 일이다. 해당 당사자는 불리하다. 만약 당사자가 진선생의 행위에 떠벌리게 되면

5. 辰土는 재성으로 일간상신에 임하고, 또 초전이 발용이 되었다. 財 를 득할 것처럼 보이나, 財는 寅에 임하여 수극을 당하고 있다. 또 육합이 승하여 외전을 당한다. 『畢法賦』 85法에서 「초조협극불유기(初遭夾剋不由己)」라 하여, 財를 얻을 수 없다. 또 중말전은 암귀(暗鬼)가 봉해지고 호귀(虎鬼)가 傳에 있다. 늦추어져 불리하다.

6. 寅 록은 지진에 임하여 권섭부정(權攝不正)이 된다. 타인에게 굴욕을 당하는 상이다.

第 6 法 육음상계진혼미(六陰相繼儘昏迷)

解說 **사과 삼전이 모두 陰일 때, 공적인 일은 凶하고 사적인 일은 吉하다.**

1. 육음격(六陰格) : 여섯 陰을 과전에서 갖춘 격.아랫 사람은 음모와 간사의 일이고 병자는 사망 하고 탈모는 더욱 심하다.

2. 오음격(五陰格) : 다섯 陰을 과전에서 갖춘 격. 여기에서 정단 인의 년·명에서 메워주면 육음격이 된다. 공적인 일에는 불리하고 소인에게 이롭고 군자에게는 불리하다.

3. 원소근단격(源消根斷格) : 사과의 지반이 그 상신에 모두 탈기될 때이다. 질병 정단 에서는 굶어 죽고 모든 정단 에서 모두를 잃는다.

豫題6 **질병의 吉凶?**

壬申年 乙巳月 丁亥日 未時 酉將 (空-午未) (命-乙未 年-未) 借客夜占

乙	丁	己
酉 貴	亥 陰	丑 常
未	酉	亥

乙	丁	己	辛
酉 貴	亥 陰	丑 常	卯 空
丁 未	酉	亥	丑

<table>
<tr><td>○
未 朱
巳</td><td>甲
申 匕
午 ○</td><td>乙
酉 貴
未 ○</td><td>丙
戌 后
申</td></tr>
<tr><td>○
午 合
辰</td><td colspan="2" rowspan="2">丁亥日
11局</td><td>丁
亥 陰
酉</td></tr>
<tr><td>癸
巳 勾
卯</td><td>戊
子 玄
戌</td></tr>
<tr><td>壬
辰 青
寅</td><td>辛
卯 空
丑</td><td>庚
寅 白
子</td><td>己
丑 常
亥</td></tr>
</table>

■ **課體** : 重審課 · 進間傳格 · 極陰格

■ **占斷** : 음사로 인한 신체 질병계이다. 현재의 가상(家象)이 음암(陰暗)하여 아름답지 못하고 마땅치 못하다. 질병은 비뇨기계통, 신장 혹은 방광 부인병이다. 오래 끌면 두려움이 있다. 의사의 상세한 검사가 필요하다. 82년 12월경에 완치된다.

■ 課象分析

1. 과전은 극음으로 일은 혼미하다 그리고 양귀인이 일간의 음양에 임했다. 또 그 음신 亥水는 귀살이다. 밤 점에 귀인이 발용했다. 점은 신체 질병 음사에 의한 속칭 음이 침범한 질병이다. 『畢法賦』 6法에서 「육음상계진혼미(六陰相繼儘昏迷)」라 한다.

2. 가택 상신 丑은 묘신으로 집 건물이 양광과 밝음이 없어 항상 음 암으로 아름답지(좋지)못하다.

3. 亥水의 음신인 丑은 귀살을 극하고 비뇨계통 질병이 있다

4. 과전이 육음으로 편지귀인이 되어 도움이 어렵다. 『畢法賦』 44法에서 「과전구귀전무의(課傳俱貴轉無依)」라 하여, 귀인을 구하기 어려워 오래 간다.

5. 다행히 육처에서 질액 흉신살은 보이지 않는다. 상문은 戌이고 조객은 午이다. 비혼 寅, 상백 戌, 현지 辰, 혈기 申 등은 보이지 않으나, 사기 酉가 있으나 酉는 월장이 된다. 이는 무해함을 알 수 있 다.(방해의 여지 없음)

6. 택상 丑은 태상이 승하고, 巳月의 지의(地醫)이다. 또 그 음신 卯木은 비록 천공이 승하나 卯는 巳月의 生氣이며 일간을 생하고 있고 丑은 천희(天喜)이다.

7. 말전은 丑이고 亥水 귀살을 극제하여 구신(求神)으로 병이 나았다.

8. 원인은 酉 발용, 따라서 본 과의 질병은 오래간다. 그러므로 82년 癸酉年 乙丑月 질병이 나았다.

第 7 法 왕록임신도망작(旺祿臨身徒妄作)

解說 **일의 록신(祿神), 또는 왕신(旺神)이 간상에 임할 때.**

왕록이 일간에 임하면 망령된 행동을 하게 된다.

1. 록피현탈격(祿被玄奪格) : 일간의 祿에 백호나 현무가 승하는 것. 나의록을 타인에게 빼앗기거나 모든 상황 이 임시로 이루어 진다.

豫題7 매매주식의 2개월 후 주가 吉凶?

乙亥年 戊寅月 癸巳日 子時 亥將 (空-午未) (命-乙未 年-辰) 夜占

辛	庚	己
卯 貴	寅 后	丑 陰
辰	卯	寅

戊	丁	壬	辛
子 玄	亥 常	辰 ヒ	卯 貴
癸 丑	子	巳	辰

<table>
<tr><td>壬
辰 ヒ
巳</td><td>癸
巳 朱
午 ○</td><td>○
午 合
未 ○</td><td>○
未 勾
申</td></tr>
<tr><td>辛
卯 貴
辰</td><td colspan="2" rowspan="2">癸巳日
2局</td><td>甲
申 靑
酉</td></tr>
<tr><td>庚
寅 后
卯</td><td>乙
酉 空
戌</td></tr>
<tr><td>己
丑 陰
寅</td><td>戊
子 玄
丑</td><td>丁
㉦亥 常
子</td><td>丙
戌 白
亥</td></tr>
</table>

■ **課體** : 元首課 · 退連珠格 · 聊芳格

■ **占斷** : 현재 동향 안정된 것으로 이익을 득하기 어렵고 더 사서는 안된다.

■ 課象分析

1. 일간상신 子는 癸水日의 록신이 된다. 또 그 음신 亥水는 월장이 승했다. 그리고 子水는 일간의 왕지가 되어 그 동향은 항시 안정된다. 유일하게 밤정단 에서 子水는 현무가 승하였다. 이를 록피현탈 (祿被玄奪)이라하여, 재리(財利)는 불가능하다. 『畢法賦』 7法에서 「왕록임신도망작(旺祿臨身徒妄作)」이라 한다.

2. 지진의 상신 辰土는 일간의 귀살이며 묘신이 된다. 또 간지 교차 극을 하여 공격을 한다. 숨어있는 일은 흉하다.

3. 삼전이 卯·寅·丑으로 초·중전은 일간을 탈기하고, 말전은 귀살이 된다. 이과를 전후핍박(前後逼迫)이라 한다. 또 삼전은 퇴여격이다. 구제점에서는 앞으로 가지 못한다.

4. 점인의 본명 未의 상신 午는 일간의 재성이다. 그러나 일간상신 子와 相冲을 하고, 행년 辰의 상신 卯 일지상신 辰 과 六害를 하며 일간을 탈기한다. 따라서 귀인의 작용이 무용하다.

시세 변동 없이 오히려 元 으로 하락.

第 8 法 : 권섭부정록임지(權攝不正祿臨支)

解說 **일간의 祿이 일지에 임하면, 그 직이 尊大하지 못하다.**

이웃 국가를 떠도는 선비가 되지 않으면 막부의 떠돌이 신하가 된다.

豫題8 질병으로 인한 직장생활 가능할까?

(위천리, 점복강의;)

丙子年 乙未月 庚子日 亥時 未將 (空-辰巳) 夜占

庚	丙	○
子 青	申 ヒ	辰 玄
辰 ○	子	申

○	庚	丙	○
辰 玄	子 青	申 ヒ	辰 玄
庚 申	辰 ○	子	申

辛 丑 空 巳 ○	壬 寅 白 午	癸 卯 常 未	○ 辰 玄 申
庚 子 青 辰 ○	庚子日 5局		○ 巳 陰 酉
己 亥 勾 卯			甲 午 后 戌
戊 戌 合 寅	丁 酉 朱 丑	丙 申 ヒ 子	乙 未 貴 亥

- **課體** : 重審課 · 閨下格 · 權攝不正格 · 斬關格
- **占斷** : 회수를 득하여 두렵지 않다.

■ 課象分析

1. 개괘(蓋卦)로 회환이라 하고 (삼전 子·申·辰, 사과상신 모두 보인다.) 이에 旺氣(구점시간이 未土月의 일간 庚金을 생한다.)로 나아가서 이는 퇴위의 상이 아니다.

2. 초전과 말전이 함공, 순공(초전 子 水 함공, 말전 辰 土 순공) 일록이 택상(庚일간의 록은 申으로 제3과의 지진이 되고)으로 돌아왔다. 직업을 바꾸는 것처럼 보인다. 『畢法賦』 8法 「권섭부정록임지(權攝不正祿臨支)」 라 한다.

3. 과전에서 일간을 脫干한다. 삼전이 申子辰 윤하의 국으로 일간을 강력히 탈기한다. 단기간에 질병은 낫지 않는다.

4. 다음해 辰月 늦봄 청용신이 공묘(空墓) - 夜占 초전 子에 청룡이 승하고 입묘의 辰이고, 辰 또한 공망이 된다. 모든 것이 늦은 봄에 상황이 된다. 즉 날이 뜨거워 지면 오이의 꼭지가 떨어 지듯이 조건이 성숙 되더라도 일은 쉽게 이루어진다. 과숙이체락어(瓜熟而蒂落矣)

5. 봄은 木이 왕(旺) 하고 일간의 財이다. 이는 낚시바늘이 손끝에 오는 격이다. 丁丑年 3월에 면직 되었다.

第 9 法 피난도생수기구(避難逃生須棄舊)

解說 **傳에 이익될 것이 없는 경우, 이를 피해 다른 것을 취한다.**

1. 피난도생격(避難逃生格) : 삼전이 모두 凶神일 때, 천반에서 선택.

2. 피난도생득재격(避難逃生得財格) : 삼전이 모두 凶神일 때, 지반에서 처재효 선택.

3. 사익손취손격(捨益就損格) : 간상 부모효일 때, 일지 자손효 선택

4. 사취개불가격(捨就皆不可格) : 삼전이 모두 凶神이며 기궁 下神도 凶神일 때.

5. 묘작태양격(墓作太陽格) : 묘신이 月將을 만드는 격

豫題9 **금년 주택 증축은 어떨까 吉凶?**

丙子年 辛卯月 戊申日 寅時 亥將 (空-寅卯) (命-甲午 年-寅) 晝占

○	辛	戊
匕 寅	陰 亥	白 申
巳	寅○	亥

○	辛	乙	○
匕 寅	陰 亥	勾 巳	匕 寅
戊 巳	寅○	申	巳

○ 匕 寅 巳	○ 朱 卯 午	甲 合 辰 未	乙 勾 巳 申
癸 貴 丑 辰	戊申日 4局		丙 靑 午 酉
壬 后 子 卯○			丁 空 未 戌
辛 陰 亥 寅○	庚 玄 戌 丑	己 常 酉 子	戊 白 申 亥○

■ **課體** : 知一課 · 不備格

■ **占斷** : 반드시 투서에 의해 소송을 이끌고 재액이 된다. 결국 끝에는 일을 이룰 수 없다.

■ **課象分析**

1. 일간상신 寅木은 귀살이 되어 등사인 흉장을 승하여 일간을 극하고 일지는 그상신과 六合을 한다.『大六壬占鈐』에서「자기오전타인일락(自己熬煎他人逸樂)」이라 하여, "자신은 괴롭고, 타인은 즐긴다" 라고 하였다. 등사는 귀살이 되어 일간을 극하여 소인의 모습이다.

2. 일록 巳火는 일지에 임하여 宅을 극하고 있고 또 음신인 寅木은 귀살이 되어 일간을 극하고 있다. 가옥의 증축에 있어 진행이 어렵다. 그리고 巳火는 구진이 승하여 가택에 임했다. 반드시 구청이나 경찰서에 왕림할 수 있다.

3. 발용 寅木 등사가 승하여 귀살이 되고 역마가 봉해진다. 일의 빠름을 나타낸다. 또 삼전으로 말미암아 말전이 체생에 이르러 초전이 일간에 임하여 일간을 극하여 공격하니 관귀가 중중(重重)하여 끊임이 없어 재앙과 흉함을 면하기 어렵다.

4. 양 귀인 丑·未가 丑은 辰에 가하고, 未는 戌에 가하여 일간의 귀인은 무력하다.

5. 초·중전이 공함이고, 寅木은 귀살로 공망이 되어 虛한 것처럼 보인다. 또 계절상 봄에 속한다. 아직은 힘이 있다. 따라서 피하여 면하는 것은 불가능하다. 다행히 말전 申金이 귀살을 제극한다.

6. 일간을 극하는 寅木 支를 향하여 가고 戊의 기궁은 巳를 가지고 지반 申위에 임한다. 申은 戊己土의 장생지 이다. (고법에서는 水土를 동궁으로

보아 申이 戊土의 장생이 된다) 이를 "피난도생(避難逃生)"이라 하고 『畢法賦』 9法에서 「피난도생수기구(避難逃生須棄舊)」라 한다.

7. 점인의 본명 午의 상신 卯木은 주작이 승한 귀살이 된다. 반드시 시비구설로 논쟁이 된다. 그러나 다행히 순공이 된다. 행년 寅의 상신 월장으로 길신이 된다.

第 10 法 후목난조별작위(朽木難雕別作爲)

解說 **착륜격에서 卯가 공망일 때, 朽木不可雕也**

庚辛加卯 + 卯 공망일 때, 썩은 나무로는 조각하기 어려우니 별도로 도모해야 한다.

1. 부근불리격(斧斤不利格) : 庚辛加卯 + 申酉가 공망일 때.

※ 만약 휴수기인 나무에 백호가 승하면 시신을 넣는 널이 되고, 공망이 되면 썩은 나무가 되므로 조각하지 못한다.

豫題10 **의복・장신구의 사업 吉凶은?**

乙亥年 丙戌月 癸未日 酉時 辰將 (空-申酉) (命-辛丑 年-戌) 晝占

己	甲	辛
朱 卯	白 戌	貴 巳
申	卯	戌

○	己	戊	○
玄 申	朱 卯	合 寅	常 酉
癸 丑	申 ○	未	寅

青 丙 子 巳	勾 丁 丑 午	合 戊 寅 未	朱 己 卯 申○
空 乙 亥 辰	癸未日 6局		匕 庚 ㉤辰 酉○
白 甲 戌 卯			貴 辛 巳 戌
常 ○ 酉 寅	玄 ○ 申 丑	陰 癸 未 子	后 壬 午 亥

■ **課體** : 重審課 · 鑄印格 · 斲輪格 · 羅網格

■ **占斷** : 합작에 불리하다. 밑지고 손해 본다. 모든 모망사는 어렵게 추측 된다.

■ **課象分析**

1. 일간상신 申은 지진상신 寅과 六冲 관계이고, 일간 癸水는 일지상신 寅을 생하고 지진 未土 는 일간상신 申을 생하여 교차탈의 관계이다. 동업에 아주 불리하고 서로 꿈꾸는 것은 동상이몽(同床異夢)이 되어 불리하다.

2. 財爻는 말전 巳火에 비록 귀인이 승해있으나 大耗殺에 해당된다. 그리고 墓地인 戌에 앉아 있어 구재는 반드시 손해를 본다.

3. 과명은 착륜이다. 이것은 卯가 申에 가하여 공망이 되어 부소불(斧斤不利)가 되어, 모든 모하는 것은 예측할 수 없다. 『畢法賦』 10法에 「후목난조별작위(朽木難雕別作爲)」가 된다.

4. 일간상신 申 지진 未土의 前이고 지상 寅 역시 일간 癸(丑)의 前이다. 이를 라망(羅網)이라 하고, 움직여 모의하는 것은 불리하다. 『六壬大全鈐』에서 「비유여이득부족(費有餘而得不足)」이라 하여 버는 것 보다 비용이 더 나가는 것을 말한다.

5. 본명 丑 상신 申은 현무가 승해있다. 그리고 행년 戌의 상신 巳 재(財)는 歲破로 이 또한 大耗이다.

第 11 法 중귀수창전부외(衆鬼雖彰全不畏)

解說 **六處에 鬼殺이 많아도 剋制神 加臨하면 해가 없다.**
비록 귀살이 무리를 짓더라도 전혀 두렵지 않다.

1. 가인해화격(家人解禍格) : 과전의 귀살을 지상에서 극한다. 반드시 가족이 재앙을 푼다.

2. 인귀위생격(引鬼爲生格) : 과전의 귀살을 이끌어 일간을 生한다.

3. 전귀위생격(傳鬼爲生格) : 삼전의 무리 귀살에서 간상신을 生하고 다시 일간을 生해주어 도리어 길한 정단이 된다.

4. 귀덕임신소제만화격(貴德臨身消除萬禍格) : 천을귀인과 일덕이 일간, 년·명에 임한다.

5. 천장위구신격(天將爲救神格) : 천장에서 그 신의 凶을 구제.

6. 탈기위구격(脫氣爲救格) : 천장의 害를 12支에서 구함.

豫題11 장래 운세(運程)는 어떨 것인가?

丙子年 壬辰月 丁酉日 巳時 酉將 (空-辰巳) (命-辛丑 年-丑) 晝占

己	癸	乙
貴 亥	常 卯	勾 未
未	亥	卯

己	癸	辛	○
貴 亥	常 卯	陰 丑	空 巳
丁 未	亥	酉	丑

朱 丁 酉 巳○	匕 戊 戌 午	貴 己 亥 未	后 庚 子 申
合 丙 申 辰○	丁酉日 9局		陰 辛 丑 酉
勾 乙 未 卯			玄 壬 寅 戌
青 甲 午 寅	空 ○ 巳 丑	白 ○ 辰 子	常 癸 卯 亥

■ **課體** : 元首課 · 曲直格 · 生胎格

■ **占斷** : 귀한 사람으로 자질이 심히 아름답다. 格局이 맑고 높다. 현재는 귀인 역행으로 불순(不順)하긴 하나, 금년에 고시에 이롭고 합격하며 장래 전도가 반드시 밝아 발전한다. 재물과 경영은 불리하나 공무원이나 교원에 상당히 유리하여 임명될 것이다.

■ 課象分析

1. 구점은 장부사(丈夫事)이다. 이는 마땅히 관귀효가 있어야 한다. 금일 일간상신 亥水는 관귀효에 천을귀인이 승했다. 또한 丁日의 일덕이다. 그리고 그 음신 卯木 길장인 태상이 승하여 일간을 생하고 있다. 따라서 본인의 자질은 높은 것으로 나타나있다. 『畢法賦』 11法 "연신격(衍申格)"으로 「귀덕임신소만화(貴德臨身消萬禍)」라 하여, 귀와 덕이 임하면 만 가지 화가 소멸된다.

2. 간상 亥水는 지진 酉金을 脫하고 지상신 丑土는 일간 丁火를 탈기하여 교차로 상탈(相脫)하는 형상이다. 四課는 일의 정황을 나타내는 상태로 일상적으로 이것은 현재의 상황을 가리키는 것으로, 그 원인은 탈설에 있다. 반드시 비용의 손모가 있겠다. 또한 신체가 허약한 것을 나타낸다.

3. 水 귀살이 초전 발용 하였다. 자신이 심한 압력을 받고있다. 다행히 삼전은 亥·卯·未 木局이 되었다. 또 천장이 귀인, 태상, 구진으로 土將으로 형성 되어 亥水의 귀살이 된다. 또한 일간 丁火를 生하고있다. 이를「귀화생기(鬼化生氣)」,「관인상생(官印相生)」,「선악후선(善惡後善)」이라 한다.

4. 지금 행년·본명이 丑이고, 그 상신 巳는 천공이 승했다. 주서(奏書)의 신이다. 천장은 본래 凶하다. 대표적으로 공허, 부실하다. 그러나 유일하게 고시에서는 승급의 신이다.

5. 원국의 사과 삼전과 년·명의 육처에 재효와 청룡과 육합 등의 재성이 보이지 않는다. 경재, 구재의 발전에 불리하다. 삼전의 亥·卯는 귀화생기(鬼化生氣)가 되어 공직이나 교육계에는 유리하게 임명될 수 있다.

第 12 法 수우호가호위의(雖憂狐假虎威儀)

解說 **기궁에서 간상의 귀살을 제극하면 害가 되지 않는다. (간상에서만 가능)**

움직여 도모하면 불리하다. 일은 반드시 어려움 뒤에 성취되므로 靜守가 吉하다.

1. 호가호위격(狐假虎威格) : 기궁에서 日上의 귀살을 제극할 때. 음직이면 도모하는 일은 어렵고 일은 반드시 어려워진다.

豫題12 **혼인점의 吉凶?**

癸酉年 丁巳月 辛亥日 未時 申將 (空-寅卯) (命-己亥 年-戌) 晝占

癸	○	○
后 丑	貴 寅	ヒ 卯
子	丑	寅 ○

辛	壬	壬	癸
玄 亥	陰 子	陰 子	后 丑
辛 戌	亥	亥	子

勾 丙 午 巳	靑 丁 未 午	空 戊 ㊥ 未	白 己 酉 申
合 乙 巳 辰	辛亥日 12局		常 庚 戌 酉
朱 甲 辰 卯○			玄 辛 亥 戌
ヒ ○ 卯 寅○	貴 ○ 寅 丑	后 癸 丑 子	陰 壬 子 亥

- **課體** : 元首課 · 進連珠格(장태격) · 不備格
- **占斷** : 혼인에 있어 험난함이 있고, 피차 서로 속이고 남자는 허심이다. 남자의(기운없는) 자존심이 상하여 보복하며, 모순된 것으로 돌이키지 못하고 6월에 파경을 맞았다.

■ 課象分析

1. 혼인점 에서는 일간을 남자, 일지를 여자로 본다. 辛金 일간상신 亥水는 일간을 脫한다. 지진은 亥水로 현무가 승하여 水신으로 日을 탈상탈(脫上脫)하고, 기궁 戌은 간상 亥水를 극제할 수 있다. 여기에서 은유(隱喩)하여 辛은 가(假)가 되고, 戌은 호위(虎威)라 한다.『畢法賦』12法에서「수우호가호위의(雖憂狐假虎威儀)」라 하여, 남자의 마음은 虛心이고, 탈모되어 힘이 약하다.

2. 일간음신은 남자의 숨기고 있는 마음의 일면을 알 수 있다. 현재 일간음신 子水는 정단일의 도화이고, 지금 태음이 승해있다. 이는 남자의 암장이 도화로 연하의 대상임을 알 수 있고 또한 풍월장소(風月場所)의 사람으로 물 위에 뜬 도화이다.

3. 일지의 양신은 여자를 대표한다. 현재 亥水의 상신 子水는 도화가 되고 亥水가 일간에 임해 일간 辛金을 탈하고 있으며 노파의 기운으로 늙은이의 힘 밖에(기운이 없다) 없어 타인을 시험 삼아 만나 외도를 즐기며 마음속에 보복을 할 마음을 가지고 있다.

4. 일지음신은 여자의 숨겨진 마음의 일면을 볼 수 있다. 현재 상신 丑은 子에 加하여 육합이 되어 있다. 헤어짐을 만회하려 하는 것이다.

5. 초전 丑이 子에 가하여 사과의 일지음신 발용이다. 이를 분석하면 陰 중의 陰인 사과의 마음이 이미 깊게 정리되고, 또 丑은 辛金의 묘지이다. 단지 공상일 뿐이다. 그리고 혼미할 뿐이다.

6. 삼전이 진여격으로 본 뜻은 아름다우나, 중전이 공망이 되어 나아 갈 수 없다.

7. 丑이 子에 가하면 본 뜻은 吉하나, 未年 未月의 沖逢을 절기한다.

第 13 法 귀적당시무외기(鬼賊當時無畏忌)

解說 **귀살이 왕상하면 무해하고, 귀살이 실령하면 유해하다.**

귀살의 왕상은 吉神으로 보고, 休囚는 凶神기능으로 본다.

豫題13 **직업운의 吉凶?**

癸酉年 己未月 癸卯日 未時 未將 (空-辰巳) (命-癸巳 年-辰) 借客夜占

辛	戊	己
丑 陰	戌 白	未 勾
丑	戌	未

辛	辛	癸	癸
丑 陰	丑 陰	卯 貴	卯 貴
癸 丑	丑	卯	卯

<table>
<tr><td>○
巳 朱
巳 ○</td><td>甲
午 合
午</td><td>乙
㊍ 勾
未</td><td>丙
申 靑
申</td></tr>
<tr><td>○
辰 匕
辰 ○</td><td rowspan="2" colspan="2">癸卯日
1局</td><td>丁
酉 空
酉</td></tr>
<tr><td>癸
卯 貴
卯</td><td>戊
戌 白
戌</td></tr>
<tr><td>壬
寅 后
寅</td><td>辛
丑 陰
丑</td><td>庚
子 玄
子</td><td>己
亥 常
亥</td></tr>
</table>

- **課體** : 勵德格 · 稼穡格

- **占斷** : 현재 회사에서 압력을 많이 받는다. 사표를 낼까 생각 중이다. 다만 귀인이 봉하여 서로 도움을 주어 힘을 얻는다. 8월에 귀인의 천거에 힘입어 승진하지만, 다만 귀인은 酉月 퇴직한다.

■ 課象分析

1. 일간 癸水의 四季月 점에서, 일간상신은 丑土를 보고, 그 음신 역시 土이다. 삼전은 丑·戌·未 가색격으로 귀국이 중중하다. 자연히 癸水日은 견딜 수가 없다.

2. 『畢法賦』 13法에서 「귀적당시무외기(鬼賊當時無畏忌)」라 하여, "현재 당월은 항상 위협(忌)하는 것은 겁낼 것 없다" 하였다. 재앙이 이루어질 수 없다 하였다.

3. 지진상신 卯木은 귀인이 되어 구신이 된다. 귀인의 원조를 득하여 장애의 여지가 없다. 그러나 압력은 면할 수 가 없다.

4. 행년상신 辰은 일간의 귀살이며 묘신이고 또한 흉장인 등사가 승하여 행년(당년)에 이득이 없고, 반드시 사직으로 인한 압력이 경감 될 것이다.

5. 태세 酉는 귀인 卯와 冲이 되어 귀인이 세파가 된다. 즉 귀인이 세파를 구한다.

6. 8월, 즉 酉金月의 월령을 득해 승천에 유리하고, 귀인은 물러남에 있어 불리하다.

第 14 法 전재태왕반재휴(傳財太旺反財虧)

解說 **삼전의 재물이 태왕하면 오히려 재물이 훼손된다.**

신약재왕이 되면 재물을 취하지 못하므로 신강하고 재가 약해지는 계절에 취하면 된다. (강약은 계절 기준에 의해 정단)

春占 : 三合木局-三傳成日財　夏占 : 三合火局-삼전成日財

秋占 : 三合金局-三傳成日財　冬占 : 三合水局-삼전成日財

1. 진퇴연여위재격(進退連茹爲財格) : 神旺은 득재 가능, 神弱은 득재 불가하다.

2. 재신공망격(財神空亡格) : 六處에 財神이 공망일 때 無財가 된다.

豫題14 **傳先生과 蘇先生이 동업으로 식당(고깃집)의 吉凶?**

乙亥年 甲申月 乙亥日 卯時 午將 (空-申酉) (命-乙未 年-午) 晝占

癸	甲	丁
ヒ 未	陰 戌	白 丑
辰	未	戌

癸	甲	戊	辛
ヒ 未	陰 戌	空 寅	合 巳
乙 辰	未	亥	寅

○ 貴 申 巳	○ 后 酉 午	甲 陰 戌 未	乙 玄 亥 申○
癸 ヒ 未 辰	乙亥日 10局		丙 常 子 酉○
壬 朱 ㊄ 卯			丁 白 丑 戌
辛 合 巳 寅	庚 勾 辰 丑	己 靑 卯 子	戊 空 寅 亥

■ **課體** : 重審課 · 六儀格 · 斬關格 · 生胎格 · 稼穡格 · 遊子格

■ **占斷** : 동업인이 서로 이심(異 心)으로 흔들려 바르지 못하다. 서로의 마음을 믿지 못하고 되돌리지 못하여 건강도 좋지않아 득은 없고 손실만 있다.

■ 課象分析

1.동업경영에서 일간을 점자(본인) 일지는 동업상대자로 본다. 현재 지진 亥水일간 乙木을 생하고 있으나, 그 상신 寅이 천공이 승하 여 허의(虛意)가 된다. 또 그 음신 巳火는 일간 乙木을 脫하여, 결코 그 마음이 바르지 못하다. 그다지 동업에 이익이 되지 않는다.

2. 일간은 점인이다. 그 상신 未는 일간의 묘신을 복(覆)하고 있다. 유일한 日의 財는 흉장인 등사가 승했다. 그리고 申月占에서 乙木은 무력하다. 그러므로 구점인도 역시 믿는 마음이 없다. (믿음이 없다)

3. 삼전이 未·戌·丑 이고, 또 일간상신도 財, 그 음신도 財로 財가 많아져(遍地)가 되어, 乙木의 힘이 약하여 받아 들일 수 없다. 『畢法賦』 14法의 「전재태왕반재휴(傳財太旺反財虧)」로 재를 취할 수 없다.

4. 초전은 묘신이고, 또 중전은 戌이고, 말전 丑에는 백호가 승하고 정신이 봉해졌다. 『六壬大全鈴』 에서 득불상실, 소욕미득, 소비지심(得不償失, 所欲未得, 所費至甚)이라 했다. 그리고 백호는 병부의 별(星)로 중전 戌은 병부로 신체에 재앙이 있다. 금년 9月 戌月이 되면,

5. 본 과전도는 화개(華蓋)를 덮고(復日)있다. 즉 亥日의 화개는 未가 된다. 또한 묘신이다. 모든일이 혼미하다.

6. 양 귀인이 공망에 거하고 乙日의 낮 귀인 申은 순공이 되고, 밤 귀인 子는 酉에 앉아 지반공망이 되어 『畢法賦』 50法의 「양귀개공허희기(兩貴皆空虛喜期)」가 된다.

第 15 法 탈상봉탈방허사(脫上逢脫防虛詐)

解說 **일간이 상신에 脫을 당하고, 또 그 상신이 천장에 脫을 당할 때.**

이를 脫上脫 이라 하고 모든 점은 진피탈모(儘被脫耗)하고, 모두 허언이고 부실지상(不實之象)이다.지는 계절에 취하면 된다. (강약은 계절 기준에 의해 정단)

1. 무의탈모격(無依脫耗格) : 일간을 여러 곳에서 탈기할 때.(何事空虛)

2. 탈도격(脫盜格) : 일간은 간상신에 脫 을 당하고, 그 천장이 현무일때.(何事凶)

豫題15 李先生 아들의 운은?

乙亥年 癸未月 辛酉日 巳時 午將 (空-子丑) (命-戊戌 年-卯) 晝占

癸	○	○
玄 亥	陰 子	后 丑
戌	亥	子 ○

癸	○	壬	癸
玄 亥	陰 子	常 戌	玄 亥
辛 戌	亥	酉	戌

勾 戊 ㊉ 巳	青 己 未 午	空 庚 申 未	白 辛 酉 申
合 丁 巳 辰	辛酉日 12局		常 壬 戌 酉
朱 丙 辰 卯			玄 癸 亥 戌
匕 乙 卯 寅	貴 甲 寅 丑○	后 ○ 丑 子○	陰 ○ 子 亥

■ **課體** : 重審課 · 連珠格(三奇格) · 斬關格 · 不備格

■ **占斷** : 아들의 현재 운세는 심히 나쁘다. 놀라움과 기망으로 인한 도적을 만난다. 북방쪽 음험한 소인을 만나면 집으로 돌아 올 때, 한집안(일가)과 같이 와야한다. 운은 안 좋게는 3년이 갈 것이다. 따라서 참고, 지키며, 망동하면 안되고 타인(일가)의 말을 듣고 움직이지 말라.

■ 課象分析

1. 아들의 운세를 보면, 일간상신 亥水는 자손효(子孫爻) 이고 또 삼전이 모여 자손국(子孫局)이 된다. 현재 아들에게 뚜렸하게 관심이 많은 것으로 나타난다.

2. 辛金의 일간상신 亥水는 현무가 승하여 일간을 탈모하고, 이를 "탈상도(脫上盜)"라 한다. 탈기도설이 되고, 기력이 소진된 1, 2과는 현재의 상태이다.

3. 현무음신 子水는 태음으로 일간을 설기한다. 태음은 음사(陰邪)와 험사(險詐)이다.

4. 발용인 현무는 제1과 상신에서 올라왔다. 일은 밖에서의 일이고 또 삼전인 亥·子·丑은 水局으로 모여서 탈모가 심하다. 따라서 현재 북방 쪽의 진행(發展)은 옳지 않다.

5. 2~4항의 경우, 『畢法賦』 15法의 「탈상봉탈방허사(脫上逢脫防虛詐)」이다.

6. 일간 辛의 기궁은 戌이 되고 일지 酉는 일간의 록신으로, 그 상신에 임했다. 일지는 家宅이 된다. 그러므로 마땅히 祿地인 집으로 돌아와서 참고 기다려야 한다.

7. 본명 戌 상신 亥는 현무가 승하고, 財의 손실이 되고 행년 卯 상신 辰은 유일하게 일간 辛金을 生한다. 그러나 지상 戌과 冲이며 인성(印星)을 이루어 반드시 부모의 마음을 상하게 한다. 부모의 말을 듣지 않고 여인(家人)과 함께 움직이기 때문이다.

8. 여기에서 3년 동안이라는 것은 85년 辰年에 상신 巳를 봉하고, 86년 巳年 상신 午를 봉하고, 모두 金을 극하기 때문이다. 항상 불리하다. 단 87년 午年 상신 未 청룡이 승하여 일간을 생하고, 또 현무 亥水를 극하기 때문에 3년이다.

第 16 法 공상승공사막추(空上乘空事莫追)

解說 **천반에 순공이 되고 천공이 승하면, 정단은 빈뜻과 빈 말이 되고 전혀 실상이 없다.**

일간을 탈기하고 천공이 乘 해도 같은 뜻이 된다.

1. 탈상격(脫上格) : 간상이 간을 탈하고 천공이 승하는 경우, 모든 점은 실체가 없다. 『六壬粹言』에서 「전과개공사막추(傳課皆空事莫追)」라 하였다.

豫題16 **합자 토지투자의 吉凶?**

乙亥年 庚辰月 戊子日 未時 酉將 (空-午未) (命-甲午 年-未) 書占

壬	○	甲
合 辰	青 午	白 申
寅	辰	午 ○

○	乙	庚	壬
空 未	常 酉	匕 寅	合 辰
戊 巳	未 ○	子	寅

空 ○未巳	白 甲申午○	常 乙酉未○	玄 丙戌申
青 ○午辰	戊子日 11局		陰 丁亥酉
勾 癸巳卯			后 戊子戌
合 壬辰寅	朱 辛卯丑	匕 庚寅子	貴 己丑亥

■ **課體** : 重審課 · 登三天格

■ **占斷** : 동업인이 서로 성의 부족으로 일을 끝내지 못했다. 순리대로 진행하면 이윤을 획득하지만, 일에 있어서 자유롭지 못하여 적극적이지 못하다.

■ **課象分析**

1. 발용 辰土는 육합을 승하고, 육합의 유신은 동업(합자), 공동 경영이 된다.

2. 일간은 자기를 나타내고, 현재 일간상신 未는 순공이 되고 천공이 승했다. 이를 공상공(空上空)이라 한다. 『畢法賦』 16法에서 「공상승공사막추(空上乘空事莫追)」라 하여, 본인이 적극적이지 못한 것이 나타난다.

3. 지진은 타인을 대표한다. 현재 지진상신 寅木 등사가 승하여 귀살로 일간을 극하고 또한 일간상신 未土 역시 지진 子를 극한다. 교차해(害)와 극(剋)을 보인다. 피차 서로 시기하고 의심하여 성의가 부족한 것이다.

4. 간지음신은 서로 辰酉合을 하고 있다. 쌍방 모두 찬동을 하고 있다.

5. 발용 辰土 둔간 壬水는 일간의 암재(暗財)이다. 처음에는 유리하다. 또 중전 午火 청룡은 일간을 생하고, 먼 곳에서 득재를 하는 모습이다. 다만 발용 辰土가 앉은 寅木은 수극이 되고, 또 천장 육합(乙卯)도 천반 辰을 극한다. 『畢法賦』 85法의 「초조협극불유기(初遭夾剋不由己)」가 된다.

6. 삼전은 일의 변화, 발전이다. 현재 초전은 살아있고, 중·말전이 공망으로 이는 필연 호두사미(虎頭蛇尾)로 일이 종료되었다.

第 17 法 진여공망의퇴보(進茹空亡宜退步)

解說 **진여(進茹)가 공망이면 후퇴가 옳다.**

이른바 삼전이 모두 공망이면 성전공곡(聲傳空谷)이라 한다.

1. 탈공격(脫空格) : 일간상신이 공함이 되고 삼전 합국이 탈기를 할 때,
   소송 : 비용이 많이 들고,
   질병 : 탈기로 虛가 심하다.

豫題17 **금년 투자의 吉凶?**

丙子年 庚寅月 甲午日 戌時 亥將 (空-辰巳) (命-戊戌 年-午) 借客書占

○	○	甲
合 辰	朱 巳	ヒ 午
卯	辰	巳 ○

癸	○	乙	丙
勾 卯	合 辰	貴 未	后 申
甲 寅	卯	午	未

甲 ヒ 午 巳	乙 貴 未 午	丙 后 申 未	丁 陰 酉 申
○ 朱 巳 辰	甲午日 12局		戊 玄 戌 酉
○ 合 辰 卯			己 常 (亥) 戌
癸 勾 卯 寅	壬 青 寅 丑	辛 空 丑 子	庚 白 子 亥

■ **課體** : 重審課 · 進茹格

■ **占斷** : 금년에는 확대 투자, 투기는 옳지 않다. 현재 투자처에서 구재는 자유롭지 못하다. 이로 인한 이익은 없고, 손해도 크지는 않다.(유치불가)

■ 課象分析

1. 일간 甲木과 상신 卯는 양인관계이다. 그리고 지진 午의 상신 未는 午의 前 1位이다. 이를 "라망(羅網)"이라 한다. 움직이거나 전진하면 안된다. 『畢法補談』에서「소모다졸봉라망(所謀多拙逢羅網)」이라 하였다.

2. 일지상신 未는 일간의 재성이며 귀인이다. 財가 집으로 들어오는 상으로 그 음신인 申金은 백호를 승하여 일간을 극하고 있다. 평안하지 않은 상이고, 일지상신 未는 묘신을 작하여 일지에 임했다. 본전의 손실을 막아야 한다.

3. 삼전 辰·巳·午는 진연주로 물러나며 낙공이 되었다. 이를 "성전공곡(聲傳空谷)"이라 한다. 연이어 사닥다리에서 쳐 내려오는 형상이고 빈 기쁨과 환희만 있을 뿐이다. (거짓) 본 과는 또 "공탈쌍전(空脫雙全)"으로 앞으로 나아갈 수 없다.

4. 간지가 공전(拱傳) 한다. 主된 것은 본래 전진하여 쉽게 득하고 중인의 이익에 도움을 준다. 그러나 삼전 중 초전인 재성이 공망이고, 중·말전은 탈기를 한다. 도적의 손실에 마음을 졸이는 상이다.

5. 초전 辰은 재성으로 육합(乙卯)木이 승했다. 또한 卯에 복(覆)하여 앉으니, "신장내외전(神將內外戰)"이라 하여, 『畢法賦』 85法의「초조협극불유기(初遭夾剋不由己)」가 되어, 금년의 재리의 계획은 자유롭지 못하다. (없다)

6. 본 과에서 유일하게 유리한 점은 본명 戌은 상신인 亥 財를 만난다. 또 행년 午 상신 未土는 귀인의 財이다. 년·명 상신이 財爻로 귀인이다. 비록 과전은 아름답지 못하지만 다만 년·명이 변화하여 크게 손해 보는 결과는 없을 것이다.

第 18 法 답각공망진용의(脚踏空亡進用宜)

解說 **삼전이 모두 퇴연주 공망일 때, 답각공망이라 한다.**

이미 물러난 뒤에 공망을 만나면, 나아감은 옳고, 물러남은 그르다.

1. 심사격(尋死格) : 특정 육친이 공망, 길신이 공망일 때(吉事不成)

2. 각답공망격(脚踏空亡格) : 차례대로 순중 공망일 때.(吉事不成)

豫題18 **직업의 변화(이직, 변경)의 吉凶?**

丙子年 辛卯月 戊申日 子時 亥將 (空-寅卯) (命-甲辰 年-丑) 借客書占

○	○	癸
朱 卯	匕 寅	貴 丑
辰	卯 ○	寅

甲	○	丁	丙
合 辰	朱 卯	空 未	青 午
戊 巳	辰	申	未

合 甲 辰 巳	勾 乙 巳 午	青 丙 午 未	空 丁 未 申
朱 ○ 卯 辰	戊申日 2局		白 戊 申 酉
匕 ○ 寅 卯			常 己 酉 戌
貴 癸 丑 寅	后 壬 子 丑	陰 辛 亥 子	玄 庚 戌 亥

■ **課體** : 元首課 · 退連珠格(聯方格)

■ **占斷** : 현재 직업(사무)이 직접적으로 슬럼프(爭𥈭)로 되어 있다. 직업 전환이 유리하다. 적극적으로 행하여 변경(이직)이 아름답다.

■ **課象分析**

1. 일간 戊土 상신 천강 辰에 육합이 승했다. 이를 "참관(斬關)"이라 한다. 그리고 일간의 음신인 卯木은 주작이 승하여 일간을 극하고 있어 점자가 슬럼프(위기)로 인하여 압력이 크다 볼 수 있다.

2. 일지상신 未土는 천공이 승하고, 그 음신은 午火에 청룡이 승하여 배경이나 실력이 있어 강하게 밀어 부쳐야 하는 형상으로 적합하다.

3. 일간음신 卯木은 관귀의 대표적이고 육친효로 관귀효이다. 직장에서의 인정을 받고 있다. 그 이유는 卯는 未와 반합이기 때문이다.

4. 삼전이 퇴연주 이면서 공망이 된다. 답각공망이 되어 퇴보하여서는 안 된다. 뒤로 물러서면 관귀이다. 만약 기꺼이 포기하려 한다면 위기를 의심할 여지가 없다. 분발하고 나아가면, 유추하건대, 높은 직으로 갈 수 있는 길이 있다. 그 이유는 본 과가 옛 것을 지키기 보다 한발 나아가는 과이다. 다시 한번 전진하여 나아가야 한다. 이는 巳가 록을 봉하기 때문이다. 그러므로 『畢法賦』 183法의 「각답공망진용의(脚踏空亡進用宜)」 가 된다.

5. 본명 辰의 상신 卯는 주작이 승하여 관귀이다. 나타나는것 보다는 두렵지 않다. 또 행년 丑의 상신 子水 財는 태세이다. 財利를 得함에 무리가 없고 아름답다.

第 19 法 태재생기처회잉(胎財生氣妻懷孕)

解說 **일간의 태신과 日의 처재효를 만들고, 다시 월내의 生氣를 만나는 경우, 만약 처 정단을 하면 반드시 임신이다. 또한 태신이 처재가 아니더라도, 년 • 명이나 일지상에 처재효가 되면 모두 잉태 점으로 본다.**

1. 손태격(損胎格) : 태재가 생기이나 공망이 되면, 태아는 반드시 손상당한다.

2. 첩잉격(妾孕格) : 辛·癸·巳日에 태신이 생기이면, 처나 첩의 누이가 임신.

3. 사잉격(私孕格) : 胎財+玄武이면, 여종이나 첩이 임신.

4. 호태격(互胎格) : 간·지 교차로 태신이 되거나 부부 년·명에 태신(생기, 재신을 살피지 않아도 된다)

5. 우자격(憂子格) : 三月, 四月 占에 申酉에 육합일 때, 월건의 사기가 육합을 극할 때, 출산 시기에 자식에게 근심과 흉이 있다.

6. 우모격(憂母格) : 천후승신+死氣가 천후를 剋(출산시기 어머니에게 우환)

7. 자련모복격(子戀母腹格) :일간+일지에 가임, 일지+일간에 가임하여 서로 상생하면, "자련모복(子戀母腹)"이라 하여, 임신 정단은 유리하나 출산 정단에서는 불리하다.

8. 손잉격(損孕格) : 태신이 공망이 되거나 수극을 당할 경우, 또한 태신이 공망이 되면, 곧장 출생하지만 임신 정단은 태아가 손상된다.

9. 월염살(月厭殺) : 사기가 월염을 만들 때 출산 정단은 흉하다. 생기가 월

영을 만들 때 출산 정단은 길하다.

10. 양신이혈법(養神二血法) : 혈기와 혈지가 태신을 극할 때, 출산은 신속하지만, 임신정단에서는 손상의 여지가 없다.(단, 혈기·혈지가 공망을 봉하거나 공망된 지반이 앉으면 임신 출산은 무방)

11. 삼현태격(三玄胎格) : 生玄胎(가문흥왕), 病玄胎(자식병약), 衰玄胎(자식병약), 「원태격-사맹발용, 삼전사맹」 절태격(絶胎格) : 반음과에 해당되면 꽃은 화려하나 열매는 맺지 못한다)

12. 앙성격(昴星格) : 陽日 – 女兒, 陰日 – 男兒 출생.

13. 태수극태격(胎受剋絶格) : 胎神이 絶神인 일간에 가임.(출산은 당일에 이른다. 임신, 출산 정단 모두 두렵다)

14. 소산법(小産法) : 임산부의 년·명에서 태신을 충, 극할 때, 태신이 생기일지라도 반드시 유산한다.

15. 태신좌장생법(胎神坐長生格) : 태신이 장생에 앉는격

16. 복태신(腹胎神) : 임산부의 배(丑)가 태신에 가한격

17. 복공격(腹空格) : 임산부의 뱃속이 텅 빈 격(丑)이 공함이 될 때

18. 전상격(全傷格) : 일간이나 일지가 수극을 당할 때 태아나 산모가 위험하다.

19. 협정삼전격(夾定三傳格) : 간지가 삼전에 의해 끼임

豫題19 태산의길흉?

乙亥年 甲申月 乙亥日 辰時 午將 (空-申酉) 命-甲辰 年-丑

○	甲	丙
貴 申	陰 戌	常 子
午	申 ○	戌

壬	○	丁	己
朱 午	貴 申	白 丑	青 卯
乙 辰	午	亥	丑

蛇 癸 未 巳	貴 ○ 申 午	后 ○ 酉 未	陰 甲 戌 申
朱 壬 午 辰	乙亥日 11局		玄 乙 亥 酉
合 辛 巳 卯			常 丙 子 戌
勾 庚 辰 寅	青 己 卯 丑	空 戊 寅 子	白 丁 丑 亥

■ **課體** : 重審課

■ **占斷** : 본 정단은 남자 태아정단이다. 조산으로 인한 재왕절개 수술로 아이와 산모는 평안하다. 출생월은 九月이다.

■ **課象分析**

1. 申金이 발용이 되어 공망이 되나, 占月인 申月 가을 旺하기에 공망으로 보지 않는다. 申金은 陽神이다. 그러므로 남자아이다.

2. 일지상신 丑과 일간상신 午와 午丑 육해를 하고 있다. 또한 지진은 어머니를 대표한다. 그 상신 丑은 復의 유신이 된다. 또 정신이 승하여 태아가 빈번하게 움직이는 상이다. 또한 丑은 흉신인 백호가 승했다. 主가 혈광이다. 그리고 丑은 지진 亥水를 극하고 있다. 따라서 절개수술로 본다.

3. 초전 申金은 말전 子水를 생한다. 그리고 子水는 일간 乙木을 생한다. 그러므로 재왕절개 수술로 산모와 아이가 평안하다.

4. 말전 子水 일간상신 午와 冲하고 戌에 임하여 수극을 당한다. 따라서 응기는 9월이 된다.

第 20 法 태재사기손태추(胎財死氣損胎推)

解說 **일간의 태신과 재신이 월신살 死氣일 경우, 이는 곧 태아의 사망을 의미한다.**

豫題20 **胎産의 吉凶? (진공헌의 『六壬指南』, 잉산점)**

丁丑年 辛亥月 癸丑日 酉時 卯將 (空-寅卯) (命- 年-) 夜占

丁	癸	丁
未 常	丑 朱	未 常
丑	未	丑

丁	癸	丁	癸
未 常	丑 朱	未 常	丑 朱
癸 丑	未	丑	未

辛 亥 勾 巳	壬 子 合 午	癸 丑 朱 未	○ 寅 匕 申
庚 戌 青 辰	癸丑日 7局		○ 卯 貴 酉
己 酉 空 卯 ○			甲 辰 后 戌
戊 申 白 寅 ○	丁 未 常 丑	丙 午 玄 子	乙 巳 陰 亥

■ **課體** : 返吟課 · 稼穡格 · 遊子格 · 勵德格

■ **占斷** :본 과상은 남자의 상이고, 낳더라도 키우기 힘들다. 卯年에 사망한다.

■ **課象分析**

1. 순음으로 返陽이 된다. 일지상신 未는 일지와 서로 상비한다. 반드시 남아이다.

2. 卯年에는 양육을 할 수 가 없다. 태신인 午는 협극을 당하고(壬日의 午는 태신이고, 재신으로 야점에서 현무가 승하여 子에 임하여 협극을 당한다.) 무기하다. 따라서 "추혼지마(追魂之魔)"가 된다.

3. 卯는 東宮의 子宿이 된다. 酉는 음살로 冲剋을 한다. 酉는 卯의 반음이다. 卯年에 불길함을 알 수 있다.

第 21 法 교차상합교관리(交車相合交關利)

解說 **일간과 일지를 비교, 대조하여 대인관계의 득실관계를 알아 본다.**

日辰交車相合은 왕래에 이롭다.

1. 교차장생(交車長生) : 日辰이 交車長生일 때 - 동업을 할 때 가장 吉하다.

2. 교차합재(交車合財) : 日辰이 交車合財 - 재물 교섭에 가장 吉.

3. 교차탈(交車脫) : 日辰이 交車脫氣 - 교섭 시, 서로 脫耗하는 상.

4. 교차해(交車害) : 日辰이 交車相害 - 교섭 시, 서로 害(기다림이 좋다)

5. 교차공(交車空) : 日辰이 交車空亡 - 그림의 떡. 허성(虛聲)이다.

6. 교차형(交車刑) : 日辰이 交車刑 - 화미한 가운데 반드시 다툼이 있다.

7. 교차충(交車冲) : 日辰이 交車冲 - 먼저 화합 후에 뒤에 이별한다.

8. 교차극(交車剋) : 日辰이 交車剋 - 교섭 시, 서로 쟁송이 있다.

9. 교차삼교(交車三交) : 日辰이 交車三交 + 三傳이 三交 - 무릇 왕래 하는 일이 반드시 간음이 있거나, 두 세가지 일이 서로 교섭하는 것.

10. 교차삼합(交車三合) : 日辰이 교차삼합(交合格)과 삼전이 삼합일때, 왕래 교섭은 吉하나 해산사(解散事)는 불리하다.

豫題21 長先生의 혼인 상황?

乙亥年 戊子月 丙子日 亥時 寅將 (空-申酉) (命-壬辰 年-酉) 借客晝占

○	乙	戊
申 ヒ	亥 陰	寅 白
巳	申 ○	亥

○	乙	己	壬
申 ヒ	亥 陰	卯 空	午 合
丙 巳	申 ○	子	卯

○ 申 ヒ 巳	○ 酉 貴 午	甲 戌 后 未	乙 亥 陰 申 ○
癸 未 朱 辰	丙子日 10局		丙 子 玄 酉 ○
壬 午 合 卯			丁 丑 常 戌
辛 巳 勾 寅	庚 辰 青 丑	己 卯 空 子	戊 寅 白 亥

■ **課體** : 重審課 · 元胎格

■ **占斷** :부부가 항상 서로 그리워 하는 마음으로 부인의 마음이 분명치 않고 가정이 안정되지 못하다. 부인은 수도의 마음으로 먼저 마음을 비우면 후에는 얻어질 것이다.

■ **課象分析**

1. 일간상신 申金은 처재효로 등사가 승했다. 또 순공이 되어 처의 점에 특별히 신경이 쓰인다. 또한 등사는 시기, 의심, 경외, 괴이로 자신의 초조나 움직임을 나타내지 않으려 애쓴다. 음신 亥水 태음으로 일간을 극하고 있어 압력이 적지 않다.

2. 지진은 여인과 가택으로 본다. 현재 지상에 卯가 천공이 승하여 지진 子

와 무례지형을 하고 있다. 따라서 가택이 안녕하지 못하다. 또한 卯는 가택 門의 유신이다. 현재 천공이 승하고 있어 출가, 은닉, 수도지상이다. 다행히 음신 午火는 합이되고 일간의 旺氣이다.

3. 일간상신 申金은 일지 子水를 생하고 일지상신은 卯木으로 일간 丙火를 생하고 교차로 상생하고 있다. 『畢法賦』 21法에서 「교차상합교관리(交車相合交關利)」 라 하고, 『畢法補談』 에서는 「구생호생피차익(俱生互生彼此益)」 라 하여, 혼인의 감정에서는 아름답다. 이는 피차 사모하는 모습으로 여인의 거동이 제3자와 관계가 없다.

4. 발용은 일간상신 申金에서 되고, 또한 등사가 승하여 공망이 되어 있다. 다행이 삼전에서 申, 亥 ,寅 체생으로 일간 丙火를 생 하여 노력하고, 소통한다. 이는 먼저 잠시 그 뜻이 있지만 끝내는 원만하게 얻어진다. 그 원인은 말전 寅木이 일간의 장생이 되기 때문이다.

第 22 法 상하개합양심재(上下皆合兩心齊)

解說 **간 • 지가 육합을 하고, 간 • 지상신이 육합을 하였을 때.**
위와 아래가 한 마음이고 내외가 협력한다. 실탈, 은닉, 도망사 병송사는 나쁘다.

1. 간지상회격(干支相會格) : 기궁이 간상으로 와서 일지와 육합. 일지가 간상으로 일간과 육합.

2. 상하구합격(上下俱合格) : 기궁과 그 상신, 일지와 그 상신이 육합할 때.

3. 독지상신작육합격(獨支上神作六合格) : 간지상신이 서로 육합할 때.

4. 교호육합격(交互六合格) : 간지가 交車六合할 때.

5. 외호리사아격(外好裏槎芽格) : 간지상신은 六合, 간지는 六害일 때.

6. 일진인근격(日辰隣近格) : 일지가 간상으로 와 지상과 육합, 일지와 기궁은 동류일 때.

7. 간지상회격(干支相會格) : 일지가 간상으로 와 지상과 六合하나, 일지와 기궁은 비동류.

豫題22 유선생의 금년 5월 1일 ~ 5월 5일 까지의 吉凶 ?

乙亥年 乙酉月 丙午日 辰時 巳將 (空-寅卯) (命-丁酉 年-辰) 借客夜占

戊	己	庚
申 合	酉 朱	戌 匕
未	申	酉

丙	丁	丁	戊
午 青	未 勾	未 勾	申 合
丙巳	午	午	未

<table>
<tr><td>丙
午 青
巳</td><td>丁
未 勾
午</td><td>戊
申 合
未</td><td>己
酉 朱
申</td></tr>
<tr><td>乙
㊁ 空
辰</td><td colspan="2" rowspan="2">丙午日
12局</td><td>庚
戌 匕
酉</td></tr>
<tr><td>甲
辰 白
卯 ○</td><td>辛
亥 貴
戌</td></tr>
<tr><td>○
卯 常
寅 ○</td><td>○
寅 玄
丑</td><td>癸
丑 陰
子</td><td>壬
子 后
亥</td></tr>
</table>

- **課體** : 遙剋課 · 彈射格 · 眞連珠格(鑄印格)

- **占斷** :예정되어 있지 않은 상황에서 돌연히 발생하여 많은 사람과 교역하여 유리하다.

- **課象分析**

1. 일간 丙火의 상신 午火는 청룡이 승하여 왕상하고 일간을 돕는다. 그 음신 未土는 일간을 설기하여 역량이 조금 약하다.

2. 지진 午火는 일간으로 와 있고, 일지상신 未와 서로 합을 하고 있다. 이를 “간지상회(干支相會)”라 하고, 서로 합하여 謀하는 일에 유리하다. 『畢法賦』 22法에서 「상하개합양심제(上下皆合兩心齊)」의 「일진인근격(日辰隣近格)」이 되어 길사에 이롭고, 합하여 모의하는 것에 이롭다.

3. 발용 申재성은 육합이 승하여 제4과에서 온다 이를"맥월(驀越)"이라 한다. 제4과에서 발용이 되어서이다. 모든 일이 돌연히 발생한다. 또한 재성 발용에 길장이 승해있다. 구재사에 길하다.

4. 삼전이 申·酉·戌로 金財星으로 진연주격이다. 현재 金이 왕한 8월의 상으로 곧 재다신약(財多身弱)이 되어 일간이 많이 힘들다. 삼전이 진연주이므로, 의기투합한 많은 사람들이 연합하여 힘써서 발전하여 높이 평가되어 쉽게 득하다.

5. 현재는 재다신약(財多身弱)이 되어 구제가 어려우나, 다행인 것은 시간이 4月 좌우로 힘써 발전되어 火旺이 되어 취하기 쉬운 쪽으로 발전이 된다. 이는 金이 여름에 火가 왕하여 펼쳐놓으면 丙火가 일간을 돕기 때문이다. 다시 설명하면 청용의 재 유신이 午에 승하여 일간에 임하여 재는 내가 취할 수 있는 財가 되는 것이다. 그러므로 반드시 이윤이 있다.

6. 또 구점인 본명 酉 상신 戌은 사묘격(蛇墓格)이고, 행년 辰 상신 巳는 일간의 祿이면서 천공이 승한다. 항상 놀라움과 의아함이 있다. 그러나 왕록은 일간을 돕는다. 마땅히 순조롭다.

第 23 法 피구아사지전간(彼求我事支傳干)

解說

支上이 발용 되고, 末傳이 日干上神으로 되돌아 올 때.
이는 타인이 주요 모망사를 나에게 위임 부탁하게 되고, 길흉은 모두 성립되며 吉事는 吉하고, 凶事는 凶하다. 구재는 얻을 수 있고, 행인은 도착한다.

豫題23 **家運의 吉凶?**

乙亥年 甲申月 庚辰日 戌時 午將 (空-申酉) (命-癸卯 年-子) 借客晝占

丙	○	庚
ヒ 子	靑 申	玄 辰
辰	子	申 ○

庚	丙	丙	○
玄 辰	ヒ 子	ヒ 子	靑 申
庚 申	辰	辰	子

貴 丁丑巳	后 戊寅午	陰 己卯未	玄 庚辰申○
ヒ 丙子辰	庚辰日 5局		常 辛巳酉○
朱 乙亥卯			白 壬(午)戌
合 甲戌寅	勾 ○酉丑	靑 ○申子	空 癸未亥

■ **課體** : 重審課 · 斬關格 · 迴還格 · 潤下格

■ **占斷** : 가정은 남편의 사랑으로 화기하다. 다만 남편의 현재 운이 교착되어 있다. 따라서 건강(신체의 재앙)을 조심하고, 가정 내 소인의 계책을 방지하여 도적의 폐해를 막아야 한다.

■ 課象分析

1. 과전은 회환격(回環格)이다. 또 본과는 천지반 상하가 삼합을 한다. 主는 사람과 정은 기쁘고 아름답고 가정은 화기하다.

2. 초전 子水는 일지상신으로 돌아 온다. 또한 말전 辰土는 일간상신이 된다. 이를 "지신조간(支神朝干)"이라 하여, 지진이 간상으로 와서 일간을 돕고 있다. 또 일지음신 申이 되어 남편의 사랑이 있음을 알 수 있다.『畢法賦』23法에서「피구아사지전간(彼求我事支傳干)」이라 하여, 남편은 그의 부인을 존중함을 알 수 있다. 남편의 본명은 癸未生이다. 이로써 未의 상신 卯가 되고, 구점인의 본명이 된다. 구점인 본명 卯의 상신 亥는 삼합을 이룬다. 서로의 감정이 애틋하다(돈독).

3. 청룡은 남편의 유신이다. 지금 申金 청룡이 공망이 되었으나, 다행히 金旺 점의 공망은 공망으로 보지 않는다. 그리고 삼전이 子·申·辰이 되어 水局으로 일간을 탈기한다. 이를『畢法賦』95法에서「육효현괘방기극(六爻現卦防其剋)」이라 한다. 따라서 일간을 탈기하면서 官鬼爻가 불리하다. 남편에 해당하여 남편이 불리하다.(이런 경우에는 동시에 다른일이 발생되는 것을 알 수 있다.)

4. 삼전의 설기가 크게 심하다. 반드시 지출이 크게 일어날 것이다.

5. 일간상신 辰土는 일간을 생하여 현무가 승해있다. 또 삼전이 水局으로 되어 일간을 탈기하고 있다. 크게 도적의 난을 겪을 가능성이 있다. 소인의 꾀임의 계책에 의해 손실이 있다.

6. 점인의 본명 卯 상신 亥水는 일간을 탈도한다. 행년 子의 상신 申은 청룡에 공망이다. 따라서 본 재물의 형태는 노력을 해야 얻을 수 있는 재물이 된다.

第 24 法 아구피사간전지(我求彼事干傳支)

解說 **일간상신이 발용되고, 말전이 일지상신으로 돌아 올 때.**

강제로 타인에게 고개를 숙여 구함을 면치 못하고, 타인의 압력에 스스로 굴신하기 어렵다(시령의 왕상휴수사 일 때는 다르다.) 비하인에게 유리, 존장자 불리, 타인 유리, 나에게 불리(我不他利)

豫題24 **딸의 금년운 길흉禍福?**

壬申年 甲辰月 庚辰日 亥時 酉將 (空-申酉) (命-丙申 年-申) 借客晝占

壬	庚	戊
青 午	合 辰	匕 寅
申	午	辰

壬	庚	戊	丙
青 午	合 辰	匕 寅	后 子
庚 申	午	辰	寅

朱 己 卯 巳	合 庚 辰 午	勾 辛 巳 未	青 壬 午 申○
匕 戊 寅 辰	庚午日 3局		空 癸 未 酉○
貴 丁 丑 卯			白 ○ 申 戌
后 丙 子 寅	陰 乙 亥 丑	玄 甲 戌 子	常 ○ 酉 亥

■ **課體** : 涉害課 · 退間傳格 · 顧祖格

■ **占斷** : 딸의 현재의 운정은 바닥이다. 모든 일이 굴욕적인 것을 강요하고 혼인의 연은 놀라움이 있어, 결론은 유부녀로 인하여 깨버리고(그 사위의 바람) 심리는 편안하지 못하다.

■ 課象分析

1. 점자의 여식 운의 과정이다. 이미 차객 점시 亥水로 일간의 식상으로 일의 기미가 이미 발현되어 있다.

2. 일간 庚金 상신 午火는 청룡이 승하여 일간을 극하고 있다. 그리고 지진 상신 寅木은 일간상신 午火를 도와 일간을 극하고 있다. 이를 "가인조귀격(家人助鬼格)"이라 하여, 시초재(是招災)의 格이다.

3. 발용 午火 일간상신으로 말전 寅木은 지상으로 돌아 온다. 『畢法賦』24法에서「아구피사간전지(我求彼事干傳支)」라 하여, 모든 일은 타인에 의해 어렵고 스스로 굴신하기 어렵다.

4. 사위의 본명은 辛丑으로, 그 상신 亥는 태음이 승해있고 여인의 공포(놀라움)가 있다. 또 巳酉丑의 본명은 도화인 子水의 천후가 승했다. 따라서 제3과의 음신이 된다. 이는 비둘기가 까치집을 차지하는 격, 구점작소(鳩佔鵲巢)로 타인(陰女)이 딸의 지위를 빼앗는 격이 된다.

5. 구점 일의 일간 庚의 기궁이 申이고 공망이다. 그리고 본명, 행년의 申은 공함이 된다. 마음속이 허망하고 락막(落幕)하여 좋지 않다(썰물 빠지듯)

第 25 法 금일봉정흉화동(金日逢丁凶禍動)

解說 **金日(庚・辛) 양일 丁馬를 만나면 凶이 動한다.**

1. 화귀사작극택격(火鬼蛇雀剋宅格) : 火鬼에 등사나 주작이 승하여 일지를 극할 때.(저절로 불이 나서 재앙을 당하지 만, 하소연 할 곳이 없다.)

※ 火鬼 : 午·酉·子·卯가 12지 연속된다.

2. 인택리화격(人宅罹禍格) : 간상에서 일간을 극하고 지상에서 丁馬가 되어 일간을 극. (사람과 가택은 재앙이 있고 가택동요. 단 관직자는 부임이 빠르다.)

3. 사호둔귀격(蛇虎遁鬼格) : 木日+庚+白, 辛+丁馬 (지극히 괴이하여 공망이 되어도 해결되지 않는다.)

4. 흉귀격(凶怪格) : 월염, 대상, 천목, 묘신 이 정신이 되어, 간지와 년명에 임하면 지극히 괴이하고 지극히 흉하다.

5. 마재호귀격(馬載虎鬼格) : 백호, 귀살이 역마에 승할 때 – 흉이 빠르다.

6. 사호승정격(蛇虎乘丁格) : 등사, 백호가 정마에 승할 때 – 凶動不免

豫題25 질병의 길흉?

丙子年 癸巳月 辛酉日 午時 申將 (空-子丑) (命-丙申 年-辰) 晝占

○	乙	丁
后 丑	ヒ 卯	合 巳
亥	丑○	卯

○	甲	癸	○
陰 子	貴 寅	玄 亥	后 丑
辛 戌	子○	酉	亥

青 己 未 巳	空 庚 (申) 午	白 辛 酉 未	常 壬 戌 申
勾 戊 午 辰	辛酉日 11局		玄 癸 亥 酉
合 丁 巳 卯			陰 ○ 子 戌
朱 丙 辰 寅	ヒ 乙 卯 丑○	貴 甲 寅 子○	后 ○ 丑 亥

■ **課體** : 元首課 · 退間傳格(出戶格)

■ **占斷** : 신체허약, 질병전신, 폐질과 비뇨기 계통 병변, 丙子年 운에 불리. 가택은 병부와 손재를 면하기 어렵다.

■ 課象分析

1. 일간상신 子水는 일간을 탈설한다. 또한 자손효로 공망이 된다. 탈공(脫空), 탈설이 되어 심상치 않는데 음사에 의한 것으로 반드시 기력이 손모가 된다. 또 간상 子水는 태음이 승하여 놀라움과 공포로 음사(陰私)가 침범하여 신체가 허약하다.

2. 지진 酉는 일간의 록신이고 상신 亥水는 玄武가 승하여 탈모의 신이다. 가정에 탈모 실리(失利)의 상이다. 또 亥는 전년태세로 年의 병부이다.

3. 제1과 상신 子水는 일록을 탈하고, 지상 亥水는 병부를 봉하여 일간을 탈

한다. 이를 호탈(互脫) “교호상탈(交互相脫)”이라 한다. 사람과 집이 모두 재앙이다.『畢法賦』35法의「인택수탈구초도(人宅受脫俱招盜)」가 된다.

4. 발용 丑은 공망이다. 중전 卯財 역시 락공이고, 말전 巳火는 정마가 되어 일간을 극하고 있다. 흉화가 빠르게 진행된다.『畢法賦』25法에서「금일봉정흉화동(金日逢丁凶禍動)」이 되어, 달아날 수 없다.

5. 본명 申의 상신 戌은 본명 申과 일간 辛을 생한다. 또한 살(殺)과 연관하여 戌은 조객(弔客)과 상혼(喪魂)이 되어, 정신, 신체모두 불리하 게 한다.

6. 과전도는 극설(剋泄)로 가하고 병부(病府)가 입택이 되어 있다. 그러므로 질병이 主가 되는 정단이다. 또 辛日의 丁巳는 일간의 관귀이다. 귀의 특징은 압력, 극제. 보통사람은 주로 흉한 점이다. 또 질병, 관송은 깊은 우려가 된다. 질병정단에서는 흉하게 움직인다. 丁巳는 金을 剋한다. 金의 탈설이 심상치않다. 金의 主는 폐(肺)이다. 주로 호흡계통이고, 또 亥水는 병부로 일지상신에 있어 비뇨계통과 자궁, 신장, 방광에 따른 질병이다. 금년 丙子年 일간상신 子는 실제로 탈 설을 보인다.

第 26 法 수일봉정재동지(水日逢丁財動之)

解說 **水日(壬癸) 양일 丁馬를 만나면 財가 動한다.**

재물은 획득하고, 부인을 얻고, 기혼자(남성)는 이별을 한다.

1. 재승정마격(財乘丁馬格) : 財神에 역마, 또는 정마가 봉해질 때(출 입에 의한 財)

2. 우녀상회격(牛女相會格) : 子加丑, 丑加子 일 때, 태상이 승하면 혼인의 성립이 된다.

豫題26 **회사의 재무 吉凶禍福?**

甲戌年 乙亥月 壬子日 巳時 卯將 (空-寅卯) (命-癸巳 年-未) 借客夜占

庚	戊	丙
戌 白	申 玄	午 后
子	戌	申

己	丁	庚	戊
酉 常	未 陰	戌 白	申 玄
壬 亥	酉	子	戌

○ ㉾ 朱 巳	甲 辰 匕 午	乙 巳 貴 未	丙 午 后 申
○ 寅 合 辰	壬子日 3局		丁 未 陰 酉
癸 丑 勾 卯			戊 申 玄 戌
壬 子 靑 寅	辛 亥 空 丑	庚 戌 白 子	己 酉 常 亥

■ **課體** : 元首課 · 退間傳格(敗勵格) · 斬關格

■ **占斷** :금년에는 채무위기에 몰려 불리한 상황이 된다. 9월까지 심하게 겪고 다행히 내년 乙亥와 후년 丙子年에는 순방(順防)으로 가는 것으로 방해의 요인이 없다.

■ **課象分析**

1. 일지상신 戌은 백호가 승하여 발용이 되어 흉장이 승하고 일간의 귀살이 된다. 이것은 내부 압력이 크다는 것을 보인다. 또 말전 午는 귀살인 戌을 도와 財의 禍를 부르고 戌은 태세이다. 일간을 태세가 범하고, 그 사건이 중대하다. 子月 구점에서 戌이 발용된 것은 9월에는 어려움의 난관이 된다.

2. 일간상신 酉金은 일간의 敗神이 된다. 또 戌土는 백호가 승하여 귀살로 간상 酉를 생한다. 그러므로 잠시 고비를 넘길 수 있다. 酉는 패기(敗氣)이고, 그 음신 未土는 태음이 승하여 귀살이 되고 정신이 되어 『畢法賦』 26法에서「수일봉정재동지(水日逢丁財動之)」로 어떤 일이 움직임이있다. 未土는 일간의 관귀로 반드시 소송압력이 움직일 것이다.

3. 지상 戌은 일간상신 酉와 육해이다. 또한 제1과와 제3과가 일간의 패신(敗神)과 일지를 극하는 것으로 이루어졌다. 흉상으로 아주 어려움을 나타낸다.

4. 금년 甲戌年 의 구점인의 행년 未의 상신 巳 귀인 財로 월파를 하고 있고, 이것은 현재 재무압력이 아주 크다는 것을 알 수 있다. 다행히 일간상신 酉와 삼합을 하여 84년 乙亥年의 구점인 행년 申이 되고, 그 상신 午는 재신이 된다. 따라서 호귀 戌을 돕고 酉金과는 害가 된다. 이는 놀라움이 아직 있다. 85년은 丙子年으로 구점인 행년 酉가 되고, 그 상신 未는 정마가 된다. 반드시 관송으로 인해 財가 움직인다. 이는 정마가 귀살을 돕기 때문이다.

第 27 法 전재화귀재휴멱(傳財化鬼財休覓)

解說 **財生鬼殺하여 일간을 극하는 경우이다.**

이 경우 재물취득이 불리하고 그 재물로 귀인에게 부탁하는 일은 좋아서 성사된다.

(재물이나 여자를 취한 후, 재앙이 된다.)

1. 전재화귀격(傳財化鬼格) : 財神에서 鬼殺을 生助하면, 재앙이 닥친다.
2. 인재치화격(因財致禍格) : 財神이 부모를 극할 때, 처와 재로 인한 부모에 재앙.
3. 재둔귀격(財遁鬼格) : 財神에 遁鬼가 임할 때, 음식, 처, 재물로 인한 재앙.
4. 차전환채격(借錢還債格) : 干支上神에 財神이 임할 때, 돈을 돌려 받는다.

豫題27 **투자의 吉凶 여부?**

壬申年 癸丑月 辛卯日 巳時 丑將 (空-午未) (命-甲午 年-午) 晝占

○	辛	丁
白 未	后 卯	合 亥
亥	未 ○	卯

○	庚	丁	○
常 午	貴 寅	合 亥	白 未
辛 戌	午 ○	卯	亥

匕 己 (丑) 巳	貴 庚 寅 午○	后 辛 卯 未○	陰 壬 辰 申
朱 戊 子 辰	辛卯日 5局		玄 癸 巳 酉
合 丁 亥 卯			常 ○ 午 戌
勾 丙 戌 寅	青 乙 酉 丑	空 甲 申 子	白 ○ 未 亥

■ **課體** : 知一課 · 曲直格

■ **占斷** :투자는 불리(옳지 않고)하고 구재도 불리하며, 재로 인한 화를 방비해야 한다.

■ **課象分析**

1. 삼전은 未·卯·亥 木局으로 일간의 財星이고, 일간상신 午火인 귀살을 생하여 "전재화귀(傳財化鬼)"라 한다. 『畢法賦』 27法의 「전재화귀재휴멱(傳財化鬼財休覓)」으로, 본 과와 적합하다. 『六壬大全鈐』 역본으로 「전재화귀 (傳財化鬼)는 돈을 지니고 기도하기에 귀하고 납속하여 아뢰는 이름으로 재가 흩어져 재를 구하면 화가있다.」

2. 초 • 중전 공함이 되고 말전 丁亥는 일의 진행이 어렵고 순탄하지 않다. 그리고 말전 亥水는 丁神에 봉하고 暗鬼로 일간을 범한다. 경공사(驚恐事)로 인한 식상사의 凶이 動한다. 이것은 『畢法賦』 제25법 「금일봉정흉화동(金日逢丁凶禍動)」이 된다.

3. 일지상신 亥는 일간 辛金을 탈하고, 일간상신 午는 일지 卯를 탈한다. 이를 "호탈격(互脫格)"이라 한다. 주주간에 서로 마음이 맞지 않아 일치하지 못한다.

4. 구점인의 본명 午와 행년 午가 같다. 그 상신 寅木財는 귀인이 승하여 좋아 보이나, 귀살을 도와 일간의 귀가되니 구재하기 어렵다.

第 28 法 전귀화재전험위(傳鬼化財錢險危)

解說 **삼전에서 귀살이 재신으로 변하면 위험한 財이다.**
이를 "전귀변위재(傳鬼變爲財)"라 하여, 취득하여도 안온하지 않다.

1. 취환혼채격(取還魂債格) : 삼전의 자손효에서 干上 財神을 生한다. 빌려 주었던 돈을 받는 격이다.

2. 구재급취격(求財急取格) : 墓神에서 된 財神과, 財神에서 기궁을 극하는 재물로, "일재취인격(日財取人格)"으로 급히 취해야 한다.

3. 공재격(空財格) : 財神이 공망이 될 때, 得財不可이다.

4. 위중취재격(危中取財格) : 支辰이 日財이지만, 그 上神은 鬼殺이 된다. 놀라움이 있으며 위험한 재물이 된다.

豫題28 **건설사의 정원공사 吉凶 여부?**

丙子年 辛卯月 丙午日 未時 亥將 (空-寅卯) (命-戊戌 年-午) 晝占

己	癸	乙
貴 酉	常 丑	勾 巳
巳	酉	丑

己	癸	庚	○
貴 酉	常 丑	后 戌	白 寅
丙 巳	酉	午	戌

貴 己 酉 巳	后 庚 戌 午	陰 辛 亥(○) 未	玄 壬 子 申
匕 戊 申 辰	丙午日 9局		常 癸 丑 酉
朱 丁 未 卯○			白 ○ 寅 戌
合 丙 午 寅○	勾 乙 巳 丑	青 甲 辰 子	空 ○ 卯 亥

■ **課體** : 重審課 · 從革格 · 生胎格

■ **占斷** : 편안한 계약이 이루어지며, 공정은 잘 진행되며 재를 득할 수 있으나, 상대방이 가격을 크게 깎아서 어려움을 겪는다.

■ **課象分析**

1. 일간상신 酉金은 일간의 財星이며, 또 둔간 辛 역시 일간의 암재이고 그 음신 丑土는 일간을 비록 설기하지만, 財爻가 巳·酉·丑 合을 하여 뜻을 같이 한다.

2. 일지상신 戌土 일간을 설기하고 천후가 승하나, 천후는 壬水로써 일간의 암귀가 되어 반드시 결점을 들추어 방해한다. 다행히 음신 寅木은 일간을 생조한다. 또한 寅木은 공망이 된다. 그러나 卯月의 木의 旺氣이기에 공망으로 보지 않으며 장생을 지니고 있어 그 기가 이어지고 삼전은 酉·丑·巳로 財星인 金局을 형성한다. 금일 낮 점에서 오묘하게 천장인 귀인, 태상, 구진이 모두 土將으로 일간을 설기하고, 財星인 金局을 돕고 간상의 酉金에 이른다. 이를 "취환혼채(取還魂債)"라 하여, 전생의 빚을 내생에 갚는 뜻이 된다. 또『六壬大全鈴』에서는 본문을 해석할 때,「주장수개토설일, 각조전재,가치환금혼지채(晝將雖皆土洩日, 卻助傳財, 可取還金魂之債)」라 하였다. 이는 낮 점에서 모두 土將이 일간을 설기하고 傳의 財를 도 우면, "취환금혼채(取還金魂債)"가 된다.

3. 말전 巳祿은 파쇄(破碎)가 된다. 그리고 간과 지의 상신이 서로 六害가 된다. 그러므로 財를 구하는 일은 가능하나 풍족하게 구하는 것은 불가능하다.

4. 구점인 본명 戌의 상신은 寅木 장생이고, 행년 午 상신은 戌이다. 아름다움에 속한다. 원래는 아름다움 과가 변이된 것 이다.

point. 파쇄살(破碎殺)

사맹(寅申巳亥) - 酉, 사중(子午卯酉) - 巳, 사계(辰戌丑未) - 丑

第 29 法 권속풍영거협착(眷屬豊盈居狹窄)

解說 **삼전에서 支辰을 脫氣하여 日干을 生해 줄 때.**

주·객관계에서 나는 유리하고 상대는 불리하다. 또한 가택정단에서는 넓고 큰 가옥으로 옮기면 안되고, 천리를 거슬러 덤벙대지 마라.

1. 인왕기택격(人旺棄宅格) : 삼전에서 일간을 생하고, 일지를 극할 때, 형세는 왕(旺) 하지만 거주할 가옥은 없다(가택에 재앙이 있는 상)

2. 췌서격(贅婿格) : 일지가 일간에 가하여 일간의 극을 당하고, 지상에 다시 탈기가 되거나, 혹 지상이 일지를 극할 때(거주할 정옥은 없다)

豫題29 **吳先生의 토지전대 발전의 吉凶?**

癸酉年 庚申月 甲申日 丑時 巳將 (空-午未) (命-甲午 年-巳) 夜占

壬	甲	戊
辰 玄	申 靑	子 ヒ
子	辰	申

○	丙	戊	壬
午 白	戌 合	子 ヒ	辰 玄
甲 寅	午 ○	申	子

乙 酉 勾 巳	丙 戌 合 午 ○	丁 亥 朱 未 ○	戊 子 ヒ 申
甲 申 靑 辰	甲申日 9局		己 丑 貴 酉
○ 未 空 卯			庚 寅 后 戌
○ 午 白 寅	癸 巳 常 丑	壬 辰 玄 子	辛 卯 陰 亥

■ **課體** : 元首課 · 潤下格 · 斬關格 · 遞生格 · 生胎格

■ **占斷** : 현재 전대토지는 불리하고 허모(虛耗)하다. 용두사미(龍頭蛇尾)를 방지하여야 함. 85년 丙子年은 불리하다.

■ **課象分析**

1. 일간상신 午火는 백호가 승하여 일간을 탈기하고 공망을 맞는다. 이를 "탈상공(脫上空)"이라 하여, 『畢法補談』에서 「인택수탈다실모(人宅受脫多失耗)」라 한다.

2. 지진 申은 삼전 辰·申·子 水局을 생하여 일간에 轉하여 일간을 생한다. 이를 "인풍택애(人豊宅隘)"라 하여 가택은 넓고 사람은 적다. 나에게 유리하고 타인에게 불리하여 자기 마음대로 결정할 수 있고 또 삼전 水局은 일간상신 午火 탈공에 수극을 당하여 불리하다. 사람의 기운이 성하다. 따라서 사람이 거주하기 바르지 않고, 사람의 기운이 산란하다. 그리고 간지상신이 六冲을 한다. 원래의 장소만 못하다.

3. 삼전은 辰土에서 申金으로, 子水에서 일간 甲木으로 체생을 한다. 이를 『畢法賦』 31法에서 「삼전체생인거천(三傳遞生人擧薦)」이라 하여, 직원들이 같은 마음으로 협심하여 뭉친다. 그러나 화합 중 흠집을 방지해야 한다. 그 원인은 말전 子水가 간상 午와 冲을 하여, 「합중범살밀중비(合中凡殺密中砒)」가 구성되어 심한 우려가 된다.

4. 삼전 水局을 형성하여 일간을 生하나, 중전의 청룡, 말전 등사가 되어 용이 뱀이 되는 격이다. 큰 것이 변하여 작은 것이 된다. 즉 "용두사미(龍頭蛇尾)"가 되는 격으로, 丙子年의 천장은 등사가 승해 있다.

第 30 法 옥택관광치인쇠(屋宅寬廣致人衰)

解說 **三傳이 日干을 脫氣하여 日支를 生해 줄 때.**

나는 衰하고 타인은 旺하며, 나는 敗하고 타인은 勝한다.

가택 : 거주하는 장소를 버리고 다른 거주지로 옮기면 우환을 면한다.

1. 매택비환격(賣宅備患格) : 삼전이 支를 生하고 干을 剋할 때, 집을 매각하여 바꿈이 좋고, 돈으로 재황(災惶)에 드는 비용을 미리 준비해야 한다.

2. 사수충택격(獅獸忠宅格) : 백호 승신에서 支上神을 剋·沖할 때. (과전도 外 천지반도에서도 가능하다.) 까닭없이 주변의 이웃에 방해와 해로움을 당한다.

3. 혈염극택격(血厭剋宅格) : 천후가 血地, 血氣, 月厭이 支上에 임하여 日支를 剋. (교역과 매매와 가게를 여는 모든 일에 꺼린다.)

豫題30 여인질병 吉凶?

乙亥年 丙戌月 癸酉日 辰時 辰將 (空-戌亥) (命-己亥 年-申) 書占

乙	○	辛
勾 丑	白 戌	陰 未
丑	戌 ○	未

乙	乙	癸	癸
勾 丑	勾 丑	常 酉	常 酉
癸 丑	丑	酉	酉

貴 己巳巳	后 庚午午	陰 辛未未	玄 壬申申
匕 戊辰辰	癸酉日 1局		常 癸酉酉
朱 丁卯卯			白 ○戌戌
合 丙寅寅	勾 乙丑丑	青 甲子子	空 ○亥亥

■ **課體** : 伏吟課(自信格) · 稼穡格

■ **占斷** : 지난 9월에 병을 얻어 현재에 이른다. 병증은 신장과 비뇨기 계통에 이르러 유관하고, 실질 양택 풍수와 관련된 영향이 원인이다. 마땅히 좋은 곳으로 이사해야 하고 현재는 중하나, 나중에는 경감된다.

■ **課象分析**

1. 일간상신 丑土는 귀살로 구진이 승했다. 길게 끌 수 있는 질병이다. 그리고 본 과는 복음으로 질병은 우려되고, 점사는 굴(屈)하고 질병을 우려하게 된다.

2. 발용은 丑이고, 삼전은 丑·戌·未로 삼형으로 구성되어 있다. 귀살의 극하는 힘이 더욱 강하다. 또한 중복이 되기에 쉽게 호전되지 않는다. 또 중전

戌土는 백호가 승하여 病災의 神이 나타나있다. 戌은 전년도 태세(病符) 병부(病府)로서 甲戌년에 병을 얻음을 알 수 있다.

3. 일간상신은 丑이고 일지상신은 酉로 각각 상문, 조객을 모두 봉하여 상문과 조객을 모두 갖추었다. 질병정단에서 매우 불리하다. 『畢法賦』 72法에서 「상조전봉괘호의(喪吊全逢掛縞衣)」 라 하여, 극히 흉한 상이 된다.

4. 삼전은 丑·戌·未로 일지는 생하고 일간을 극한다. 따라서 "매택비환(賣宅備患)"으로 본 과와 깊은 뜻이 있다. 이는 양택 풍수와 유관 판단되며, 『畢法賦』 30法 「옥택관광치인쇠(屋宅寬廣致人衰)」 와 깊은 연관이 있다.

5. 백호 戌土가 보인다. 이것은 극하는 곳에 질병의 징후가 보인다. 따라서 신장, 비뇨기 계통과 유관하다. 『畢法賦』 67法의 「수호극신위병증(受虎剋身爲病證)」 이 된다.

6. 戌土는 공망이며 락공이 된다. 또한 중전 공망은 "단교(斷橋)"이다. 모든 일은 변화한다. 따라서 병증은 변화한다. 『大六壬大全鈐』에서 「점병수중후경(占病雖重後輕)」 이라 하여, "현재 질병 점에서 중하지만, 나중에는 가벼워진다" 라 했다.

7. 점인의 본명 亥, 행년 申은 복음으로 상신이 같다. 다행히 행년 申은 일간 癸 水 의 장생이고, 土傳을 설기하여 좋아짐은 의심의 여지가 없다. 년·명에서 변이되어 행해졌다.

第 31 法 삼전체생인거천(三傳遞生人擧薦)

解說

初傳→中傳→末傳→日干 生
末傳→中傳→初傳→日干 生 何事有利
(단, 질병 정단은 불리하고, 공망이 되면 헛말이 되어 뜻이 적다)

1. 장생재신격(將生財神格) : 천장에서 財神을 生할 때(재물운 좋다)

2. 지(간)상생격(支(干)相生格) : 支上에서 干上神을 生助

3. 양면도격(兩面刀格) : 鬼殺을 制剋하거나 殺印生日할 때(양면의 칼)

豫題31 蔡先生 양고기 식당의 吉凶?

乙亥年 丙戌月 丙申日 子時 卯將 (空-辰巳) (命-辛丑 年-子) 借客書占

丙	己	壬
ヒ 申	陰 亥	白 寅
巳	申	亥

丙	己	己	壬
ヒ 申	陰 亥	陰 亥	白 寅
丙 巳	申	申	亥

丙 ヒ 申 巳○	丁 貴 酉 午	戊 后 戌 未	己 陰 亥 申
乙 朱 未 辰○	丙申日 10局		庚 玄 子 酉
甲 合 午 卯			辛 常 丑 戌
○ 勾 巳 寅	○ 青 辰 丑	癸 空 ㊀卯 子	壬 白 寅 亥

■ **課體** : 重審課 · 遞生格 · 生胎格 · 贅婿格

■ **占斷** : 결심은 좋고 주변사람들도 천거하나 다만 잠재적인 압력이 커서 박수 칠 일은 아니다. 일은 어려움을 겪는다.

■ **課象分析**

1. 일간상신 申金은 일간의 財星으로 등사가 승하였고, 그 음신 亥水는 태음이 승하여 일간을 극하고 있다. 그리고 亥水는 금년의 태세이다. 잠재된 압력이 크다 할 수 있다.

2. 삼전은 체생을 하여 일간을 생한다. 이를 『畢法賦』 31法에서「삼전체생인거천(三傳遞生人擧薦)」이라 하여, 반드시 많은 중인(衆人)의 추천을 받는 좋은 뜻이다. 그러나 申金은 巳火로 향하여 앉아 있고 등사가 승해있다.(등사의 본가 丁巳) 천장으로부터 협극을 받아 자기의 영역을 장악하기는 어렵다. 『畢法賦』 95法의「초조협극불유기(初遭夾剋不由己)」가 된다.

3. 간지상신은 相害가 되고, 간지는 六合을 하고 있다. 일이 순조롭지 않음을 나타낸다. 또 일지는 일간으로부터 극을 당하고 있다. 낮 점 에서 등사, 태음, 백호의 傳은 불리하다. 吉이 변하여 凶이 된다.

4. 일지상신 亥水는 태음이 승하여 지진을 탈기하고 일간을 극한다. 따라서 음사(陰私)로 인한 혼미함을 예방해야 한다.

5. 四課가 불비가 되어 완전히 갖추기가 어렵다.

6. 본명 丑의 상신 辰은 청룡이며 공망으로 진실성이 없다. 또한 辰土는 일간을 설기하고, 행년 子의 상신 卯는 월장이 봉해져 일간을 생조하여 행년은 좋게 작용한다

第 32 法 삼전호극중인기(三傳互剋衆人欺)

解說 **初傳→中傳→末傳→日干 剋**
末傳→中傳→初傳→日干 剋 何事不利

1. 구재대획격(求財太獲格) : 日干 → 初傳 → 中傳 → 末傳 을 역으로 剋. (구재 정단에서는 크게 얻는 재물이 된다. 단 오래 보관 할 수 있는 재물은 아니다.)

2. 토장조재격(土將助財格) : 火日(丙丁) 土의 천장에서 金局을 生助. (구재사와 화합은 吉 하나, 부모에게 불리. 질병 정단은 사망에 이른다.)

3. 작귀격(雀鬼格) : 주작이 귀살에 승하여 일간을 剋할 때. (관직자는 탄핵이 되고 관재가 닥친다.)

4. 삼전내전격(三傳內戰格) : 삼전이 모두 하적상 당하고, 初剋中, 中剋末이 될 때. (가정의 윤리가 바로 서지 못하고 다툼의 단서와 소송 정단은 폭로, 질병 정단은 사망, 관 직 정단은 연이어 벼슬을 옮기는 기쁨이 있다.)

豫題32 投資案의 吉凶?

丙子年 壬辰月 丙子日 卯時 戌將 (空-申酉) (命-癸巳 年-丑) 晝占

丙	癸	戊
合 子	陰 未	青 寅
巳	子	未

丙	癸	癸	戊
合 子	陰 未	陰 未	青 寅
丙 巳	子	子	未

合 丙子巳	勾 丁丑午	青 戊寅未	空 己卯申
朱 乙亥辰	丙子日 6局		白 庚辰酉
ヒ 甲(戊)卯			常 辛巳戌
貴 ○酉寅	后 ○申丑	陰 癸未子	玄 壬午亥

■ **課體** : 涉害課 · 遙剋格 · 亂首格(상문난수) · 四絶格 · 絶嗣格

■ **占斷** : 투자 안은 흉하고, 외부로부터 화를 부르고, 간 사람은 돌아오지 않고 좋게 끝나지 않으며 일은 금년 발생한다.

■ 課象分析

1. 일간상신 子는 일간의 귀살이다. 또한 태세로 금년에 큰 禍가 있다. 유일하게, 그 음신 未土는 子水를 剋制할 수 있다. 또한 未土와 子水는 六害이다.

2. 발용은 子水로 귀살이 되어, 금년의 태세로 금년에 災禍가 크게 발생한다. 또한 1,2과에서 발용 하였기에 禍는 외부로부터 온다.

3. 삼전은 子·未·寅 으로 체극으로 형성되어 말전 寅부터 갈마질 하여 일간

丙火까지 剋을 하기 때문이다. 『畢法賦』 32法에서 「삼전호극중인기(三傳互剋衆人欺)」라 하여, 일을 진행하기 어렵다.

4. 四課는 四上에서 四下를 剋하고 있다. 이를 "절사격(絶嗣格)"이라 하고, 支는 양간이 승해있다. 본 과체는 위에서 쳐서 아래가 난을 겪는 "상릉하란(上淩下亂)"위로는 업신여기고 아래로는 어지러워 바르지 못하고 어려움이 있다.

5. 말전 寅木은 일간의 장생으로 청룡이 승했다. 일의 만회부터 끝날 때까지의 관계이다. 일은 만회 할 것처럼 보이나 寅木은 未에 앉아 入庫가 되고, 천반 酉金으로부터 剋을 당한다. 『大六壬全鈴』에서의 해석은 「酉가 寅의 위에 가하면 酉는 손기(損氣)를 가지고 寅을 손상함을 알지 못하고」 실재 酉金은 화의 근원으로 처재가 악(惡)을 만들고, 酉가운데 辛金 또한 妻財爻이다. 따라서 妻財에 의한 어려움이 있다. 구재 불리하다.

6. 점인 본명 巳 상신 子水는 태세이다. 반드시 공포와 어려움의 조짐이다. 행년 丑의 상신 申金은 청룡인 寅木과 冲을 하면 申은 財星으로 낙공이 되어 금년에 반드시 손해를 본다.

第 33 法 유시무종난변이(有始無終難變易)

解說 **이것은 두가지로 볼 수 있다. 유시무종(有始無終)과 난변이(難變易)로 나누어본다. 유시무종은 초전은 일의 장생이고 말전은 일의 묘신(墓神)일때이다. 난변이는 이와 반대로 초전은 일의 묘신이고 말전은 일의 장생으로 이는 자생전묘(自生傳墓)와 자묘전생(自墓傳生)이된다. 유시무종은 처음에는 좋으나 끝에는 일의 매듭이 없고 난변이는 처음에는 어려우나 후에는 일이 쉬워지는 것을 말한다.**

1. 사손취익격(捨損取益格) : 정단에서는 이익없음을 버리고 형통하고 왕성한 것을 취하여야 한다.정단시 이러한 예를 얻으면 수명을 누리고, 스스로 어둠에서 밝음을 얻는다.

豫題33 퇴직한 공무원은 부서장을 알현할 수 있나?

丁丑年 己酉月 壬寅日 癸卯時 晝占 巳月將

○	甲	丙
后 辰	蛇 午	合 申
寅	辰 ○	午

辛	己	○	甲
常 丑	陰 卯	后 辰	蛇 午
壬 亥	丑	寅	辰

乙 朱 未 巳○	丙 合 申 午	丁 勾 酉 未	戊 青 戌 申
甲 蛇 午 辰○	壬寅日 11局		己 空 亥 酉
○ 貴 巳 卯			庚 白 子 戌
○ 后 辰 寅	癸 陰 卯 丑	壬 玄 寅 子	辛 常 丑 亥

■ **占斷** : 가까이는 음귀인이고 공적인 일이다. 반드시 음으로 부서장을 청하는 일이다. 이는 두번 부서장을 취하여 한다.

■ **課象分析**

1. 일간상신 丑은 태상을 승하고 귀살로 일간에 임하고 일간의 음신 卯는 염막귀인이 된다. 卯는 태음에 승하여 태세에 임했다. (태세의 향으로 있다.) 반드시 음귀인이 가까이 있는 것이다.

2. 말전은 임금의 칙서로서 일간의 장생이다.(말전 申은 壬일의 장생) 구점시 가을정단으로 申은 황서(皇書)이다. 이것은 황재를 은밀하게 청하는 일이다.

3. 삼전이 양으로 등삼천격(辰, 午, 申은 등삼천으로 午는 선천 乾위요 巳, 午, 未. 申의 四位가 天(하늘)이다. 辰은 之로 등삼천이 된다. 관직정단에서 등삼천(登三千)이 되면 천전(遷轉)의 상으로 반드시 하늘을 이으며 존엄의 도달이다.

4. 그러나 초전이 공망으로 반드시 재차 방문하여야만이 만남이 성사된다.(초전 辰은 공망이고 중전 午는 낙공이다.)

『六壬大金鈴』에서 본과를 논할 때 "자묘전생(自墓傳生)" 으로 일지상신 辰은 묘신으로 발용이 된다. 선미후성(先迷後醒)으로 먼저는 혼미하고 후에 깨어난다. 또 중전 午재는 말전 申을 생한다. 그리하여 어려운 일이 봉착되어 모든일이 어둡다. 세월이 지나면 어려운 일은 진일보하고 장생을 만나면 어려움이 변하여 쉽다. 즉 본법에 서는 난변이(難變易)가 되어 본과는 영주를 은밀히 만나는 과정의 한 모양이다.

第 34 法 고거감래락어비(苦去甘來樂裏悲)

解說 初苦末甘 - 苦盡甘來, 末苦初甘 - 甘盡苦來

1. 희일비격(喜一悲格) : 吉神에서 일간을 剋, 凶神에서 일간을 生. (다행 중 불행, 불행 중 다행)

2. 락리생우격(樂裏生憂格) : 干支上神이 長生이 되어 俱合을 하나, 교차 상탈을 하여 初吉後凶할 때.

3. 은다원심격(思多怒深格) : 日干 初生→中生→末 日干 剋 (투자는 재앙이 된다) 초전에 생하는 것은 은혜, 말전에서 초전을 극하는 것은 원수가 된다.

4. 불행중행, 행중불행격 (不幸中幸, 幸中不幸格) : 백호가 장생에 승,청룡이 墓神에 승할 때.

豫題34 長先生의 내부 개혁의 吉凶?

乙亥年 癸未月 癸丑日 卯時 未將 (空-寅卯) (命-壬辰 年-戌) 晝占

己	癸	乙
勾 酉	常 丑	貴 巳
巳	酉	丑

乙	己	乙	己
貴 巳	勾 酉	貴 巳	勾 酉
癸 丑	巳	丑	巳

己 勾 酉 巳	庚 青 戌 午	辛 空 亥 未	壬 白 子 申
戊 合 申 辰	癸丑日 9局		癸 常 丑 酉
丁 朱 未 卯			○ 玄 寅 戌
丙 匕 午 寅	乙 貴 巳 丑	甲 后 辰 子	○ 陰 卯 亥

■ **課體** : 涉害課 · 遞生格 · 生胎格

■ **占斷** : 개혁에 즉시 착수하여야 한다. 배후에 아첨꾼을 조심하여 일을 망치지 않게 해야 한다.

■ **課象分析**

1. 삼전이 酉·巳·丑 金局으로 종혁격으로 개혁에 이롭고 정돈에 좋다.

2. 삼전 金局은 지진 丑土를 탈하고, 일간 癸水를 生하여 준다. 본인에게 유리하고, 타인에게 불리하다. 또 사람은 왕성하고 집은 좁은 격이다. 집 또는 관공서 일은 놀라고 불란이 일어난다.

3. 삼전은 갈마질 하여 일간까지 체생을 한다.(末巳→中丑→初酉 체생→生日干 癸水)『畢法賦』31法에서「삼전체생인거천(三傳遞生人擧薦)」이라 하여, 대중(무리)이 찬양하는 상이다(천거).

4. 낮 천장의 삼전은 勾, 貴, 常으로 모두 土將을 형성하고 있다. 따라서 土將은 삼전 金局을 生하고 있고 또 삼전은 일간을 돕는다. 모든 것이 좋아 보인다 그러나 주의 해야 할 것은 土將은 일간 癸水를 剋하고 있다. 이는 "락리생우격(樂裏生憂格)"이 되어, 마땅히 대중이 입과 겉으로 찬성하고 나타나는 것은 방지해야 한다. 또한 뒤의 반전도 조심해야 한다.

5. 본명 辰 상신 申은 일간의 장생이고, 새로운 일의 개혁을 뜻한다. 새로운 일의 시작이다. 또한 행년 戌의 상신 寅 흉장인 현무가 승하여 본명상신 申과 冲을 하여 불리하다. 따라서 간신(아첨꾼)을 조심하여야 한다.

第 35 法 인택수탈구초도(人宅受脫俱初盜)

解說 **俱脫 , 交車脫 일 때, 타인에 의한 손실, 가정 도난, 질병 허탈**

1. 재공승현격(財空乘玄格) : 발용에서 財神이 공망이 되고 현무가 승할 때. (失脫을 방지하여야 한다.)

2. 귀탈승현격(鬼脫乘玄格) : 귀살 또는 탈기에 현무가 승할 때. (失脫, 詐欺 발용이면 더욱 확실)

豫題35 **失物 정단의 吉凶?**

乙亥年 丙戌月 甲午日 辰時 卯將 (空-辰巳) (命-乙巳 年-申) 晝占

庚	己	戊
白 子	常 亥	玄 戌
丑	子	亥

辛	庚	○	○
空 丑	白 子	朱 巳	合 辰
甲 寅	丑	午	巳

合 ○ 辰 巳○	朱 ○ 巳 午	ヒ 甲 午 未	貴 乙 未 申
勾 癸 卯 辰○	甲午日 2局		后 丙 申 酉
青 壬 寅 卯			陰 丁 酉 戌
空 辛 丑 寅	白 庚 子 丑	常 己 亥 子	玄 戊 戌 亥

■ **課體** : 知一課 · 退連珠格 · 重陰課 · 斬關格

■ **占斷** : 서류 분실 사건으로 분실에 속하고 돌아오기(돌려받기) 어렵다.

■ 課象分析

1. 巳時에 전화 상으로 분실물에 대해 매우 급하게 연락이 왔다. 선봉 巳時는 일간을 탈모하고 순공이다. 천장은 주작으로 필시 문서 실탈의 관련 사이다.

2. 일간상신 丑은 일간의 財神이다. 또한 천공인 허의(虛意)의 흉장이 승했다. 일간상신은 虛財로 보인다. 해당 문건은 재무 또는 재물의 계약 문건이다. 구점(차객)시간은 辰時 財星 으로 육합이 승하였으나 공망이 되었다.

3. 일간상신 丑土는 일지인 가정 午火를 탈기하고, 일지상신 巳火는 일간 甲木을 탈기하여 교차탈이 형성되어 있다. 『畢法賦』 35法의 「인택수탈구초도(人宅受脫俱初盜)」 이다. 『畢法補談』 에서는 「인택수탈다실모(人宅受脫多失耗)」 로 되어 있다. 돌려 받기 어렵다.

4. 삼전은 子·亥·戌로 중음과(重陰課)로 반드시 최저한도로 떨어지는 심정이다. 그리고 말전 戌은 현무가 승하여 도신으로 육처에 발현되어 있다. 戌의 魁는 도신의 대표에 속하며, 놀라움과 공포와 유관하다.

第 36 法 간지개패세경퇴(干支皆敗勢傾頹)

解說 **간상과 지상에 모두 敗 氣 를 만나는 것으로**
干上敗神→氣穴衰退, 支上敗神→家宅崩壞

1. 파패신임택격(破敗神臨宅格) : 支上에 敗神이 破碎殺이 되는 경우. (가정의 예의가 붕괴되고 깨진다.)

豫題36 **건축 투자에 대한 吉凶?**

乙亥年 戊寅月 壬申日 寅時 子將 (空-戌亥) (命-己亥 年-寅) 書占

庚	戊	丙
玄 午	后 辰	匕 寅
申	午	辰

癸	辛	庚	戊
空 酉	常 未	玄 午	后 辰
壬 亥	酉	申	午

貴 丁 卯 巳	后 戊 辰 午	陰 己 巳 未	玄 庚 午 申
匕 丙 寅 辰	壬申日 3局		常 辛 未 酉
朱 乙 丑 卯			白 壬 申 戌○
合 甲 ㉻ 寅	勾 ○ 亥 丑	青 ○ 戌 子	空 癸 酉 亥○

■ **課體** : 元首課 · 退間傳格(顧祖格) · 斬關格 · 顧助格

■ **占斷** : 고향집에 대한 건축으로 전면은 공간이 넓고, 뒷면은 작은 사당이 있다. 투자해서는 안되고 내부적으로 정비될 때까지 기다려 좋은 시기를 택하여야 한다.

■ **課象分析**

1. 삼전이 午·辰·寅의 고조격(顧祖格)으로 초전의 午火는 중전의 辰말전 장생 寅木에 기대고 있어 고조(顧祖)라 한다. 고향으로 돌아가는 상으로 따라서 고향집이다.

2. 지진 申金의 목적물이 되어 <五要權衡>의 <論前後>에 「지전위전, 지후위후(支前爲前, 支後爲後)」로, 제29항에서 "일지의 앞은 前이고, 일지의 뒤는 後이다. 초전은 前이고, 말전은 後이다" 하였다. 즉 申전 酉는 천공이 승했다. 따라서 전면은 앞이 넓게 트인 공광(空曠)이 된다. 또한 申支의 後는 未로 태상이 승했다. 未의 유신은 제사, 작은 사당, 태상은 음식이 되고 의복이 된다. 추론하면 (귀신의 음식) 귀신류가 된다.

3. 발용 午火는 財의 류신으로 가택에 임했다. 비록 말전 寅木이 생하고 있지만 재성에는 현무가 승했다. 따라서 분탈재(分奪財)가 되어, 구재는 불리하다.

4. 일간상신 酉金은 일간 壬水의 敗氣이다. 또 일지상신 午火는 일지 申의 敗氣이다. 『畢法賦』 36法의 「간지개패세경퇴(干支皆敗勢傾頹)」가 된다. 따라서 "택패인쇠(宅敗人衰)"로 가정은 붕괴되고, 사람은 쇠한다. 모하는 일은 마땅히 그쳐야 하고, 진행은 불가능하다.

5. 본명 亥의 상신 酉는 일간의 패신(敗神)이다. 행년 寅의 상신 子 양인이며, 겁재가 되며, 지상 午 재신과 冲을 한다. 이로써 년·명 역시 불리하다. 과격 역시 어긋난다.

第 37 法 말조초혜삼등론(末助初兮三等論)

解說 **末生初→日干生 - 吉,　末生初→日干剋 - 凶**
末生初→作日財→求財大吉

1. 포계불투격(抱雞不鬪格) : 末助初일 때, 초전이 공망이 될 때.

2. 왕주악인격(枉做惡人格) : 말전이 공망이 되어 초전을 돕지 못할때. (부추긴 사람이 탄로가 난다.)

3. 알구화출격(謁求禍出格) : 財神에 貴人이 승하여 鬼殺을 도울 때. (귀인을 만나 구하는 재물은 불리, 이를 범 하면 화가 생긴다.)

4. 자초기화격(自招其禍格) : 年命上에서 초전의 鬼殺을 生助해 줄 때. (스스로 재앙을 자초, 반드시 환란과 해로움이 있다.)

豫題37 **李孃과 某男性 과의 관계 吉凶?**

乙亥年 丁亥月 癸亥日 子時 寅將 (空-子丑) (命-壬寅 年-亥) (男命-戊戌年-卯) 借客晝占

○	乙	丁
常 丑	陰 卯	貴 巳
亥	丑 ○	卯

乙	丁	○	乙
陰 卯	貴 巳	常 丑	陰 卯
癸 丑	卯	亥	丑 ○

朱 己未巳	合 庚申午	勾 辛酉未	青 壬戌申
匕 戊午辰	癸亥日 11局		空 癸亥酉
貴 丁巳卯			白 ○子戌
后 丙辰寅	陰 乙卯丑○	玄 甲(寅)子○	常 ○丑亥

■ **課體** : 涉害課 · 進間傳格(出戶格) · 勵德格 · 六陰格

■ **占斷** : 아름답지 못하고 어렵다.

■ **課象分析**

1. 남녀간의 결혼관계의 상대는 일간은 본인, 일지는 상대방이 된다. 현재 일지상신 丑土 태상이 승하고, 태상은 음식, 의복이다. 따라서 상대방은 식당업 종사자나 식당업자이다. 그런데 丑은 순공이 된다. 그리고 그(他人)의 본명 戊戌의 상신은 子로 일간의 祿이 되나 공망이 된다. 이는 반드시 경영부실로 인한 재운이 곤궁한 상황이다.

2. 남녀 모두 년명 상신에 근거한 성정을 알 수 있는데, 戊戌 命 상신 子水는 총명하나, 子는 戌에 수극을 당하여 영웅의 기가 짧고 의기 소침하고 어려움을 면할 수 없다. 『典』에서 「남재수단간용음(男才修短看龍陰)」, 즉 청룡음신을 간명하면 범의 얼굴이다. 현재 청룡음신은 백호이다. 이마의 모양은 넓고 몸은 질병이 있다. 성정은 支 음신으로 추론하면, 支 음신 卯는 태음이 승하고, 또 과전은 육음격이다. 음(陰)의 마음이 내심 심하다.

3. 課는 불비이다. 간(干)의 陽이 부족하다. 二陰一陽의 상이다. 또 남자의 행년 卯의 상신 巳는 財星이 된다. 그러나 財는 세파이며 월파, 일파이다. 그 뿐 아니라 남자의 재운이 없는 상황이다. 여자친구의 출신도 아름답지 못하다. 따라서 점자는 반드시 두 여자와 한 남자가 쟁투하는 모습이다(싸운다).

4. 일간의 기궁 丑은 현재 일지상신에 임하여 이양의 굴취(억지로 임하고)로 되어 있고, 일간상신 卯木은 극을 하고 있다. 이는 삼각 관계로 힘써 버티는 것으로 나타난다.

5. 일간의 장생은 申으로 이양의 모친이다. 현재 申의 상신에 戌土는 戊戌의 본명 상신 子를 극하고 있다. 모친이 필연 반대하고 있는 상이다.

6. 말전의 丁巳 財는 귀인이 승하고 초전 丑을 도와 일간을 극한다. 이는『畢法賦』37法「말조초혜삼등론(末助初兮三等論)」이 된다. 피차 불리한 과이다. 이는 다른 사람에게 기대는 흉한 것으로 본과는 불리하다. 다행히 초전 丑이 공망이어서 일간을 극하는 데는 무력하다. 또 간상 卯木은 구신으로「포란불투(抱雞不鬪)」라 한다.

第 38 法 폐구괘체양반추(閉口卦體兩般推)

解說 **首가 旬尾에 가할 때, 旬首에 현무가 승하여 발용일 때.**

1. 록작폐구격(祿作閉口格) : 日祿에 癸水가 임하거나, 祿에 백호, 현무가 승할 때.(식록 정단은 크게 불리하고, 질병 정단은 음식 끊고 사망한다.)

2. 재작폐구 혹 식신공망(財作閉口或食神空亡) : 財+閉口(구재 정단은 재물 취득 어렵고, 공망이면 더욱 심하다)

豫題38 **吳先生의 양식(養殖)사업의 동업 吉凶?**

癸酉年 壬戌月 辛未日 巳時 辰將 (空-戌亥) (命-甲午 年-巳) 借客夜占

己	戊	丁
巳 匕	辰 朱	卯 合
午	巳	辰

癸	壬	庚	己
酉 玄	申 陰	午 貴	巳 匕
辛 戌	酉	未	午

戊 ㊅ 朱 巳	己 巳 匕 午	庚 午 貴 未	辛 未 后 申
丁 卯 合 辰	辛未日 2局		壬 申 陰 酉
丙 寅 勾 卯			癸 酉 玄 戌 ○
乙 丑 青 寅	甲 子 空 丑	○ 亥 白 子	○ 戌 常 亥 ○

- **課體** : 遙剋課 · 蒿矢格 · 退連珠格

- **占斷** : 나는 손해이고, 타인은 이익이다. 동업은 안된다. 구재는 불가능하고, 반휴(反虧가 되고, 반드시 경계해야 한다.

■ 課象分析

1. 일간의 상·하가 酉·辛이다. 이때 辛의 기궁은 戌로 간상 酉와 六害가 된다. 그리고 日支의 상·하가 午未가 되어 육합의 관계가 형성된 다. 이를『大六壬全鈴』「자기오전, 타인일락(自己熬煎, 他人逸樂)」에서, "나는 괴롭고, 타인은 즐겁다" 로, 나는 손해이고, 타인은 이익이 된다.

2. 일간상신 酉는 일간의 祿神이며 현무가 승해있다. 이를 "록현탈격(祿玄奪格)"이라 한다. 또 둔간은 癸가 임하여, "폐구록(閉口祿)"이 된다. 폐구는 傳을 이어 구하기 어렵다. 이것을 본『畢法賦』38法에서「 폐구괘체양반추(閉口卦體兩般推)」속에 "록작폐구격(祿作閉口格)"이라 한다. 따라서 財를 쉽게 구할 수 없다.

3. 발용 巳火는 일간의 일덕이 되나 일간을 극한다. 이를 "귀덕격(鬼德格)" 이라 한다. 같은 길을 가는 것이 바르지 못하다. 또 추정한 점시 巳火는 귀살이며 발용이 되었다. 점시와 용신이 동시에 일간을 극한다.『課經』에서「천망과(天網課)」로 모위하는 일은 졸렬하고 어리석은 일이다.

4. 삼전이 巳·辰·卯로 퇴연주격이다. 뒤로(退向) 가는 말전 卯는 정마를 봉하고 卯는 일간의 財爻이다. 지금 둔간 丁은 둔귀가 되어, 妻財의 움직임이 흉하다. 구재를 함에 어려움이 있다. 또『畢法賦』25法의「금일봉정흉화동(金日逢丁凶禍動)」이 되고, 卯木은 癸酉年의 세파가 되고 대모살(大耗殺)이 된다. 財를 구함에 가장 절기(切忌)하는 것은 大耗와 만나는 것이다. 현재 卯木은 鬼耗를 봉하고 있다. 반드시 손해를 본다.

5. 본명 午의 상신 巳는 등사가 승하고(흉장), 일간을 극하고 있다. 도저히 정신이나 육체가 편안해질 방법이 없다. 또 행년 巳의 상신 辰은 일간을 생하나 주작이 승하여 시비구설을 면하기 어렵다.

第 39 法 태양조무의금적(太陽照武宜擒賊)

解說 **월장에 현무가 승할 때, 도적 정단은 반드시 잡는다.**

점시가 밤에 있는 것을 두려워하여 일출과 일몰의 때를 살펴서 추리한다. 또한 현무가 천마나 六丁神이 임하고, 다시 지반 酉戌亥, 子丑에 임할 때는 도적은 잡기 어렵다.(현무가 월장에 승하지 않아도 천반에 卯·辰·巳·午·未·申에 임하면 도적은 잡을 수 있다.)

1. 천망사장격(天綱四張格) : 점시와 초전이 동시에 일간을 극할 때.

2. 적향방연좌자례(賊向防連坐者例) : 현무승신이 지반과 육합할 때, 떼도적이 된다

3. 착적불여간적격(賊捉賊不如趕賊格) : 현무승신인 귀살을 일간의 설기신이 극하는 경우, 도적을 쫓기보다 일간을 설기하는 것이 더욱 크다.

4. 유도하착적(遊都下捉賊) : 일간의 유도살(遊都殺) 下防이 도적을 찾는 방위이다. (유도살 : 甲己-丑, 乙庚-子, 丙申-寅, 丁丑-巳, 戊癸-申)

5. 적척적격(賊捉賊格) : 삼전의 귀살이 서로 刑·冲하면, 흉으로 흉을 극제하게 된다.

豫題39 某氏의 화장(焚屍)의 상황?(살인사건)

甲戌年 乙亥月 丙寅日 午時 寅將 (空-戌亥) (命-○ 年-○) 借客夜占

○	庚	丙
戌 后	午 白	寅 合
寅	戌 ○	午

乙	癸	○	庚
丑 朱	酉 陰	戌 后	午 白
丙巳	丑	寅	戌

乙 丑 巳 朱	丙 ㊝ 午 合	丁 卯 未 勾	戊 辰 申 青
甲 子 辰 ヒ	丙寅日 5局		己 巳 酉 空
○ 亥 卯 貴			庚 午 戌○ 白
○ 戌 寅 后	癸 酉 丑 陰	壬 申 子 玄	辛 未 亥○ 常

■ **課體** : 重審課 · 炎上格 · 斬關格 · 勵德格

■ **占斷** : 살인범이 다툼에 의하여 여성을 묶어서 태워 죽이고(焚屍) 살인범은 북으로 도망갔다. 해결하기 어려운 사안이다.

■ **課象分析**

1. 삼전이 戌·午·寅 火局이 되고, 또 구점 년, 일, 시 모두 戌·寅·午 삼합으로 火 局을 형성, 화장(시신을 불태움, 방화)건으로 헤아려진다.

2. 발용 戌은 천후가 승하여 지상에서 올라왔다. 직업여성(업소)임을 알 수 있고, 그 음신 午는 양인에 백호가 승하였다. 반드시 먼저 흉기(칼)로 살해되고, 다시 화상(태우다)을 입음을 알 수 있다.

3. 초전 戌은 천후가 승하고, 말전 寅은 육합이 승하고, 또 戌加寅이 되어 일

녀격(泆女格)이 되어, 남녀의 간사(姦私) 색정에 의한 분쟁의 사건이다. 戌·午·寅 삼합국 일간상신 丑과 육해관계에 있다. 이를 "합중범살(合中凡殺)"이라 한다. 일간은 남자이다. 이들의 감정은 처음엔 달콤한 관계였으나, 그 후에는 남자가 기피하여 살기의 마음을 이끌어 냈다. 『畢法賦』84法의 「합중범살밀중비(合中凡殺密中砒)」이다.

4. 간상 丑은 지상 戌과 刑이 되고, 일간기궁 巳와 일지 寅과 寅巳刑이 되어, 上刑下刑이 된다. 서로간의 감정이 평온하지 못하고 항상 분쟁의 실마리를 가지고 있어 형상(刑傷)이 된다. 『畢法賦』75法의 「빈주불투형재상(貧主不投刑在上)」이 된다.

5. 현무는 도적이 되어 申에 승해있어, 그 하신인 子의 정북방향으로 도주하였다. 현무 申은 역마이기도 하고 子는 천마이다. 또한 夜地에 있어, 그 도적을 잡기 어렵고 현무 申은 역마로 子역시 천마이다.

6. 구진을 승한 卯는 未에 앉아 스스로 묘지에 있고 구진은 경찰을 의미한다. 경찰인 구진이 묘에 앉아 머리가 크게 아프고 (사건의 경위) 내용은 어려움에 헤매고 있다. 사건은 미궁으로 빠져 있다. 또 卯木은 현무를 승한 申金을 극한다. 또한 현무음신인 辰土는 구진의 음신인 亥水를 극하여 살인자를 잡을 수 없다.

7. 현무가 순수에 승한 것을 폐구(閉口)라 한다. 원래의 뜻은 추포에 유리하나, 다만 5, 6 분석에 의해 형사사건을 해결하기 어렵다는 것을 알수 있다. 이는 『畢法賦』39法의 「태양조무의금적(太陽照武宜擒賊)」에서 해석되어 있는 현무가 천마, 육정(六丁)에 임하고 夜地에 임할 때는 범인을 잡을 수 없다는 것을 알 수 있다.

第 40 法 후합점혼기용매(后合占婚豈用媒)

解說 일간은 남편이고, 일지는 부인이다. 이 때 干支上에 천후, 육합이 승할 때, 사사로운 정이 있어 바르지 못하다. 또 여자의 행년이 간상에 머물거나, 남자의 행년이 지상에 머물때, 사적 정분을 통한 후 합혼한다.

豫題40 남·녀의 인연은 어떠한가?

乙亥年 乙酉月 己酉日 未時 巳將(空-寅卯) (命-壬寅 年-巳) 借客夜占

○	癸	辛
卯 合	丑 匕	亥 后
巳	卯 ○	丑

乙	○	丁	乙
巳 青	卯 合	未 白	巳 青
己 未	巳	酉	未

○ 卯 合 巳	甲 辰 勾 午	乙 巳 (青) 未	丙 午 空 申
○ 寅 朱 辰	己酉日 3局		丁 未 白 酉
癸 丑 匕 卯 ○			戊 申 常 戌
壬 子 貴 寅 ○	辛 亥 勾 丑	庚 戌 陰 子	己 酉 玄 亥

■ **課體** : 遙剋課 · 進間傳格(凝淫格) · 狡童格

■ **占斷** : 流水無情 (騎馬找馬) (나귀 타고 말 찾는격)

■ **課象分析**

1. 일간상신 巳는 청룡이 승하여 월장이 되어 매우 의미가 있는 대상이다. 「정단시 남녀가 미혼시 간(干)은 구하는 사람 지(支)는 상대를 구한다」

2. 청룡이 승한 巳의 둔간인 乙木은 둔귀로서, 한 사람으로 그치지 않는다. 明·暗을 모두 가지고 있다.(靑·官) 그러므로 추정 가능한 것은 당나귀 타고 말 찾는 격으로 현상을 유지하면서 더 나은 것을 찾는다.

3. 卯는 육합이 승하여 발용되고, 말전의 亥는 천후가 승하여, 교동격이라 한다. (남자가 여자를 찾는 격) 상대방을 점인이 찾는 격이다.

4. 여자의 행년 巳의 상신 卯는 육합으로 관귀가 되고, 또 삼전이 음일과(淫泆課)로 『畢法賦』 40法에서 「후합점혼기용매(后合占婚豈用媒)」, 서로 살을 섞었음을 알 수 있다.

5. 卯木 육합은 발용이 되어 공망이 되었다. 서로를 품는 마음이 虛意 가 되어 뜻을 이루지 못한다.

第 41 法 부귀간지봉록마(富貴干支逢祿馬)

解說 **干上支馬, 支上干祿 으로 군자는 승진, 첨봉, 부귀쌍전이 되고, 일반인은 이사, 질병, 관재 발생한다.**

豫題41 **新黨의 입안 선거 吉·凶?**

乙亥年 丁亥月 丙寅日 子時 卯將(空-戌亥) (命-○ 年-○) 借客晝占

壬	○	丙
匕 申	陰 亥	白 寅
巳	申	亥 ○

壬	○	己	壬
匕 申	陰 亥	勾 巳	匕 申
丙 巳	申	寅	巳

匕 壬 申 巳	貴 癸 酉 午	后 ○ 戌 未	陰 ○ 亥 申
朱 辛 未 辰	丙寅日 10局		玄 甲 子 酉
合 庚 午 卯			常 乙 丑 戌○
勾 己 巳 寅	青 戊 辰 丑	空 丁 ㊉卯 子	白 丙 寅 亥○

■ **課體** : 重審課 · 遞生格 · 生胎格

■ **占斷** : 이입안은 선거정단으로 新黨이 괄목상대하게 성장. 법안 상정. 성과 크다.

■ 課象分析

1. 삼전이 申·亥·寅으로, 서로 체생하고 천인(薦引)한다. 비록 중·말전이 공망, 공함이 되나 亥年, 亥月의 年, 月이 되기에 공망으로 보지 않는다. 체생격이 형성되어 있다. 『畢法賦』 31法에서 「삼전체생인거천(三傳遞生人擧薦)」이 된다.

2. 일간상신 申은 일지의 역마이고, 일지상신 巳는 일간의 록신이 된다. 『畢法賦』 41法 「부귀간지봉록마(富貴干支逢祿馬)」가 되어 공직에 이롭다.

3. 일지 寅은 일간 丙火를 생하고, 간지상신은 申巳로 육합을 하여, 모든 바라는 일이 화통하다.

4. 삼전의 등사, 태음, 백호는 모두 흉장이 되어 문제 삼을 만 하나 과전이 官에 이로워 형통하다.

第 42 法 존숭전내우삼기(尊崇傳內遇三奇)

解說 **삼전의 둔반에 천상 삼기 乙·丙·丁, 지하 삼기 甲·戊·庚, 인중 삼기 辛·壬·癸 가 보이면 吉하다. 군자는 벼슬을 받고, 혼인은 성사되고 태산은 귀자를 출산, 병송은 소멸되고 일반인은 재앙이 사라진다.**

豫題42 **黃先生의 文化거리의 점포 미래 발전?**

癸酉年 壬戌月 己卯日 辰時 卯將(空-申酉) (命-甲辰 年-未) 晝占

丁	丙	乙
匕 丑	貴 子	后 亥
寅	丑	子

壬	辛	戊	丁
空 午	靑 巳	朱 寅	匕 丑
己未	午	卯	寅

勾 庚 辰 巳	靑 辛 巳 午	空 壬 午 未	白 癸 未 申○
合 己 ㉽ 辰	乙卯日 2局		常 ○ 申 酉○
朱 戊 寅 卯			玄 ○ 酉 戌
匕 丁 丑 寅	貴 丙 子 丑	后 乙 亥 子	陰 甲 戌 亥

■ **課體** : 重審課 · 三奇格 · 旺祿臨身格 · 退連珠格

■ **占斷** : 장래 발전이 있고 丁丑年 부터 반드시 발전이 있겠다.

■ 課象分析

1. 일간상신 午火는 비록 천공이 승하나, 일간의 록신이 된다. 또 그음신 巳火는 청룡이 승하여 일간을 生助하고 있어 반드시 잠재된 힘이 있다.

2. 지진을 가택으로 보고, 그 상신 寅木은 주작이 승하여 일간의 귀살이 된다. 귀살이 귀에 앉아 일간을 극하는 형상이다. 현재의 영업장(자리)에서의 영업이 부진하고 불순한 상이다. 그러나 다행히 간상의 午火는 일지 卯 가 록이된 午를 돕고 있다.

3. 丑은 甲戌 순의 순기이고 또 삼전 丑·子·亥 연주삼기이다. 그리고 丑·子·亥 水局은 일간의 財神이다. 신묘한 것은 삼전 둔간 丁·丙·乙이 천상 삼기가 된다. 반드시 삼기를 다시 만나는 격이 되니, 『畢法賦』 42法의 「존숭전내우삼기(尊崇傳內遇三奇)」가 된다.

4. 丁丑 발용은 86年(丁丑년)이 되어 있다.

5. 본명 辰의 상신 卯는 월장이 된다. 또 행년 未의 상신 午는 일간의 祿이 된다. 모두 吉하다. 이는 년·명의 변이에 의해 吉함이 더해진다. 그러므로 전도가 밝다.

第 43 法 해귀송직작굴단(害貴訟直作屈斷)

解說

貴人의 六害를 당하거나, 墓神이거나, 空亡 등의 凶殺이 되었을 때는, 비록 나의 이치가 바르더라도 왜곡된 판결을 받는다. 또한 자그마한 일이 크게 흉해진다. 솜씨를 희롱하다 졸렬해 진다.

豫題43 신생지 개발의 吉凶?

壬申年 己酉月 戊戌日 卯時 巳將(空-辰巳) (命-辛卯 年-未) 借客夜占

庚	壬	○
子 白	寅 青	辰 合
戌	子	寅

乙	丁	庚	壬
未 貴	酉 陰	子 白	寅 青
戊巳	未	戌	子

乙 未 貴 巳 ○	丙 申 后 午	丁 酉 陰 未	戊 戌 玄 申
甲 午 匕 辰 ○	戊戌日 11局		己 亥 常 酉
○ 巳 朱 卯			庚 子 白 戌
○ 辰 合 寅	癸 卯 勾 丑	壬 寅 青 子	辛 丑 空 亥

■ **課體** : 重審課 · 斬關格 · 進間傳格(向三陽格)

■ **占斷** : 본 공사에 있어 구재 욕심을 부리면, 후에 반드시 송사가 있어 나의 주장을 펼 수 없고 방해 요인이 많아서 이익은 전무하니, 본 사항에 투자를 그침이 옳다.

■ 課象分析

1. 밤 정단에서 일간상신 未는 귀인이며, 실제로 귀인을 만날 수 있으나 지상 子에 백호가 승하여 간상 未와 육해 관계를 형성한다. 그리고 子財는 백호가 승하여 험악한 財이다. 따라서 財를 탐할 수 없다. 『畢法賦』 42法의 「해귀송직작굴단(害貴訟直作屈斷)」이 되어, 반드시 자기 주장을 펼 수가 없다.

2. 子 발용 財는 중전 寅木귀살을 生한다. 후에 반드시 송사가 생긴다.

3. 말전 辰은, 순공이 되고 쓸모없이 일간의 귀살에 앉아 있다. 辰이 寅에 가하여 "강색귀호격(罡塞鬼戶格)"이 된다. 『大六壬全鈴』에서 「모무이다조의, 향후소익(謀無而多阻礙, 向後少益)」으로, 즉 본 과 의 초전 財는 나중에 더욱 어긋날 것이다. 귀살을 봉하고도 다시 순공이 되기 때문이다.

4. 본명 卯 상신 巳는 주작이 승하고, 또 월장이며 일록이다. 또 행년 未의 상신 酉는 태음에 속한다. 이것은 년·명이 아름답다. 유일하게 課傳은 불리하다.

第 44 法 과전구귀전무의(課傳俱貴轉無依)

解說 **課傳에 貴人이 많으면, 貴人事는 意志不可가 된다. 특히 밤 귀인 일 경우 더욱 "돌목살" 이라 하여, 귀인의 노여움을 사고, 소송 정단 에서는 귀인에게 부탁하는 일은 더욱 흉하다.**

豫題44 **梁先生의 화랑 운영의 吉凶?**

壬申年 丁未月 丁未日 辰時 午將(空-寅卯) (命-辛丑 年-酉) 借客夜占

己	辛	癸
酉 貴	亥 陰	丑 常
未	酉	亥

己	辛	己	辛
酉 貴	亥 陰	酉 貴	亥 陰
丁 未	酉	未	酉

丁 未 朱 巳	戊 申 匕 午	己 酉 貴 未	庚 戌 后 申
丙 (午) 合 辰	丁未日 11局		辛 亥 陰 酉
乙 巳 勾 卯 ○			壬 子 玄 戌
甲 辰 靑 寅 ○	○ 卯 空 丑	○ 寅 白 子	癸 丑 常 亥

■ **課體** : 重審課 · 進間傳格(凝陰格) · 罡塞鬼戶格

■ **占斷** : 귀인이 많이 모여, 귀인에게 기대기 어렵다. 처음에는 좋으나, 후에는 손실이다. 83年 甲戌年 불리하다. 참을성을 가지고 이어가야 한다.(경영해야 한다).

■ 課象分析

1. 일간상신 酉는 귀인이 승하여 발용하였다. 처음부터 잘 들어 맞아, 마치 잘 될 것 같다.

2. 4과는 양귀인 酉와 亥로 구성되어 酉는 일간의 밤 귀인이 되고, 亥는 일간의 낮 귀인이 된다. 또 초전 酉가 되고, 중전 亥가 되어 양귀인이 있다. 이를 "편지귀인(遍地貴人)"이라 하고, 『畢法賦』 42法에서 「과전구귀전무의(課傳俱貴轉無依)」로 상호 동업하는 것은 불리하고, 모든 일은 일치하지 않는다.

3. 구점 시간은 소서 후 23일이 되어, 己土가 司令한다. 그러므로 土旺이고 金相이 된다. 따라서 財가 旺相하다. 丁火는 연약하다. 따라서 신약하여 어렵게 임한다.

4. 초전 酉金은 간지 상신으로 온다. 또 일간의 死氣가 되고, 다시 앞으로 일보 나아가 중전 亥를 본다. 재가 반대로 귀가 된다. 또한 말전 丑은 파쇄로 일간을 상하게(기궁 未와 冲)하고, 본 과전은 응음격(凝陰格), 으로 유리할 수 없다. 그러므로 처음에 귀인의 진출은 아름다우나, 그 후에 발생되는 것은 손실이 있다.

5. 본명 丑 상신 卯는 천공이 승하고, 또 공망이 된다. 이를 " 空上空" 이라 한다. 행년 酉 상신 亥는 일간의 귀살로, 년·명 역시 불리하다.

第 45 法 주야귀가구양귀(晝夜貴加求兩貴)

解說 **晝夜貴人相加 하면, 陽貴人에게 구한다.**

단, 귀인을 알현하는 정단이면, 귀인을 만나지 못한다. 같은 관직자가 정단하면, 오히려 귀인의 알현은 좋다.

1. 귀복간지격(貴覆干支格) : 干上과 支上에 貴人이 乘할 때, 이는 干支上의 兩貴人에 의해 뜻을 성취한다.

2. 양귀공해격(兩貴空害格) : 干支上의 貴人이 空亡과 六害가 될 때,神位가 부정하고, 貴人 요청사는 흉하다.

豫題45 **회사 에서의 발전 吉凶? (이직하려 한다.)**

甲戌年 甲戌月 癸未日 丑時 卯將(空-申酉) (命-丙申 年-午) 夜占

辛	癸	○
巳 朱	未 勾	酉 空
卯	巳	未

己	辛	○	乙
卯 貴	巳 朱	酉 空	亥 常
癸 丑	卯	未	酉 ○

癸 未 勾 巳	○ 申 青 午	○ 酉 空 未	甲 戌 白 申 ○
壬 午 合 辰	癸未日 11局		乙 亥 常 酉 ○
辛 巳 朱 卯			丙 子 玄 戌
庚 辰 匕 寅	己 卯 貴 丑	戊 寅 后 子	丁 丑 陰 亥

■ **課體** : 遙剋課(彈射格) · 進間傳格(變盈格) · 罡塞鬼戶格 · 遞生格 · 根斷源消格

■ **占斷** : 타 공사의 스카우트 제의가 있겠지만, 현재 있는 회사가 발전의 기회가 많다. 단 실익은 작다.

■ **課象分析**

1. 癸未日 丑時는 둔간 丁馬를 봉하고, 일지 未와 冲을 하여, 움직임(이동)의 상이다. 또 삼전 중 초전 巳火는 재성으로 일지 역마가 된다. 또한 일간의 財星으로 주작이 승하여, 반드시 움직임의 마음을 가지고 있다. 또 財爻가 발동하여 급여의 이동도(오름) 함께 한다.

2. 일간상신 卯는 귀인에 승하여, 현재 근무하는 회사로부터 총애를 받는 모양세이다. 다만 지상신 酉와 冲을 한다. 그러므로 본인이 회사에 대하여 불평을 가지고 있다.

3. 제2과의 일간음신은 회사의 지인으로 본다. 지금 巳加卯가 되어 일간의 양귀인이 된다. 반드시 회사의 양귀인(우두머리)이 점인을 달래어 머무르게 하고 있다.

4. 삼전의 巳·未·酉 는 초전 巳가 중전 未를 생하고, 중전 未는 말전 酉를 생하고, 다시 말전 酉는 일간 癸水를 생한다. 『畢法賦』 31法에서 「삼전체생인거천(三傳遞生人擧薦)」이라 하여, 현재 회사의 경쟁에서 천거를 하고 있는 상이다.

5. 과전은 5음으로 구성되어 모든 모하는 일은 좋지 않은 상황이다. 따라서 움직임은 바람직하지 못하고 정수함이 옳다.

6. 4과 3전 모두 지반에서 천반을 생하므로 "근단원소격(根斷源消格)" 이 된다. 그리고 말전 酉는 천공과 공망이 임했다. 이는 모름지기 힘(세력)이 쇠한 것을 방비해야 한다. 따라서 실익은 아주 적다.

第 46 귀인차질사참착(貴人差泆事參差)

解說 **晝貴는 夜地에 임하고,夜貴는 晝地에 임할 때,귀인 알현사는 不可. (貴人官職事吉)**

1. 귀인순치격(貴人順治格) : 貴人이 順行 (귀인사 순조롭다)

2. 귀인역치격(貴人逆治格) : 貴人이 逆行 (귀인사 어렵다)→전진은 옳지 못하다.

豫題46 **은행직무 吉凶?**

乙亥年 癸亥月 丙午日 巳時 未將(空-寅卯) (命-壬午 年-未) 借客夜占

戊	庚	壬
申 合	戌 匕	子 后
午	申	戌

丁	己	戊	庚
未 勾	酉 朱	申 合	戌 匕
丙巳	未	午	申

丁 未 勾 巳	戊 申 合 午	己 酉 朱 未	庚 戌 匕 申
丙 午 青 辰	丙午日 11局		辛 亥 貴 酉
乙 巳 空 卯 ○			壬 子 后 戌
甲 辰 白 寅 ○	○ 卯 常 丑	○ 寅 玄 子	癸 丑 陰 亥

■ **課體** : 重審課 · 進間傳格(涉三淵格) · 斬關格

■ **占斷** : 본 점은 명예 및 직무유관 직무관련 귀인의 조력은 어렵다. 승천은 희망이 없다. 다른 직장으로 이동하여야 한다.

■ **課象分析**

1. 선봉 점시 巳는 일간의 祿이 되고, 祿은 명예 혹은 직무에 관련된 일이다.

2. 간상 未는 일지 午와 六合의 관계이고 지상 申은 기궁 巳와 육합의 관계이다. 교차합이 되어 겉으로 나타나는 것은 공사(업무, 직장)의 중요함을 의심할 여지가 없다.

3. 발용 申 財神은 역마가 된다. 그리고 둔간에는 정마가 봉해 진다. 따라서 움직임이 매우 밝다. 삼전 申·戌·子로 "섭삼연격(涉三淵格)"이 된다. 모망사는 이루기 어렵고 또 초전 申은 중전 戌묘를 끌고 있으나 말전 子 귀살로 인하여 귀살과 묘살을 가지고 있으므로 전진할 수 없다(豈利前進).

4. 亥 귀인이 酉위에 가하면, "귀립사문(貴立私門)"이라 하여, 귀인이 干에 임함이 바르지 못하다. 더 나아가 귀인의 도움이 어려워 진다.

5. 본명 午의 상신 申 財神은 역마가 되어 음직임의 상이 밝다. 行年未의 상신 酉金은 재로 즉 년명상신과 모두 재효를 본다. 일간 상신에 未 정마가 가하여 재의 이동이 있겠다. 현재 승천의 움직 임은 활기를 띄지만 희망이 없다. 그러나 財를 구함은 이롭다. 이는 반드시 다른 직장으로 이직했을 때 가능하다.

第 47 法 귀수재옥의임간(貴雖在獄宜臨干)

解說 **貴人이 辰戌에 임할 때, 貴人事 不可하다.**

豫題47 **金孃과 丙戌生 사람과의 감정관계 吉凶?**

丙子年 辛卯月 丙午日 寅時 未將(空-寅卯) (命-壬午 年-未) (男命-丙戌 年-合) 借客書占

甲	己	○
白 辰	貴 酉	靑 寅
亥	辰	酉

庚	○	辛	甲
匕 戌	空 卯	朱 亥	白 辰
丙 巳	戌	午	亥

匕 庚 戌 巳	朱 辛 亥 午	合 壬 子 未	勾 癸 丑 申
貴 己 酉 辰	丙午日 8局		靑 ○ 寅 酉
后 戊 申 卯○			空 ○ 卯 戌
陰 丁 ㊍ 寅○	玄 丙 午 丑	常 乙 巳 子	白 甲 辰 亥

■ **課體** : 知一課 · 六儀格 · 斬關格

■ **占斷** : 이 사람은 사업상 귀인이 된다. 현재 영업의 운이 좋다. 이미 그는 아내가 있다. 감정의 격돌이 온다. 그러나 그 인연은 이슬과 같다. 놀라움이 드러나고 혼인의 인연은 다했다. 시비구설을 방비하고, 단칼에 정리함이 옳다.

■ 課象分析

1. 상대편은 丙戌年 행년상신인 酉는 귀인이 승하여 財爻가 되어 있다. 金孃은 사업을 한다. 이상을 추측해보면 사업상의 귀인임을 알 수 있다. 원래의 뜻은 酉 귀인이 辰에 앉아 "천뢰(天牢)"라 하고, 이를 "귀인 입옥"이라 한다. 지금 丙戌命 의 사람의 행년은 辰이다. 『畢法賦』 47法에서 「귀수재옥의임간(貴雖財獄宜臨干)」으로 귀인이 (獄)에 갇히는 상이다.

2. 丙戌命 의 행년 辰의 상신 酉는 귀인이 승한 妻財이다. 현재 그는 이미 아내가 있고, 또 현재 힘을 얻고 있다. 따라서 영업(사업)은 좋다.

3. 일간상신 戌은 일간의 묘신이며, 흉장인 등사를 승하고 있다. 흉함과 악함이 있다. 일간의 기궁은 巳로, 등사의 본가 (丁巳이다. 이를 "양사협묘(兩蛇夾墓)"라 하고, 반드시 모든 일이 흉하고 혼미하다. 표면상으로 구점인은 분명하지 않은 상태를 나타낸다. 『畢法賦』 53法의 「양사협묘흉난면(兩蛇夾墓凶難免)」이 된다.

4. 일지상신 亥는 귀살에 주작이 승하고 있다. 반드시 시비구설이 끊임없이 나타나고, 압력이 끊임없이 나타난다. 人宅이 모두 상하고 안정되지 못하다.

5. 초전 辰은 백호가 승하여 破, 墓 가되고, 더불어 말전 寅木장생은 辰을 제극한다. 『六壬大全鈴』 에서 말하기를 「불능위구, 기흉상재(不能爲救, 其凶尙在)」 구할수 없으면 그 흉은 항상 존재하고 그리고 寅木의 낮 점은 청룡이 승하고, 청룡은 남자의 유신이 된다.

6. 발용은 4과에서 되어, "맥월(驀越)"이라 하여, 돌연히 발생되는 일이 된다.

7. 구점인의 본명 午의 상신亥 는 주작이 승하고 일귀이다. 흉조가 싹트기 시작하는 때이다. 인연이 될 수 없다.(豈可迷戀)

第 48 法 귀승천을내신지(貴乘天乙乃神祗)

解說 **貴人이 鬼殺에 乘하여 日干이 임할 때이다.**

질병정단은 반드시 하늘과 땅의 해코지가 있다. 가택에 임하면 사람의 신상에게 엄숙하지 못하여 온 질병이다.

1. 공망귀인격(空亡貴人格) : 貴人이 空亡될 때, 鬼祟으로 송사는 大凶하다.

2. 귀인작묘격(貴人作墓格) : 貴人이 墓神에 乘할 때, 貴人으로부터 속임당한다.

3. 귀인탈기격(貴人脫氣格) : 貴人이 脫氣를 당할 때, 이것도 속임과 귀숭(鬼祟)이 된다.

豫題48 **黃先生 경영을 이어갈 것인가? (비디오 테이프사업)**

丙戌年 丙寅月 丁丑日 丑時 亥將(空-申酉) (命-丁未 年-巳) 借客書占

乙	○	癸
貴 亥	陰 酉	常 未
丑	亥	酉 ○

辛	己	乙	○
空 巳	勾 卯	貴 亥	陰 酉
丁未	巳	丑	亥

勾 己 卯 巳	青 庚 辰 午	空 辛 巳 未	白 壬 午 申○
合 戊 寅 辰	丁丑日 3局		常 癸 未 酉○
朱 丁 丑 卯			玄 ○ 申 戌
匕 丙 子 寅	貴 乙 (亥) 丑	后 甲 戌 子	陰 ○ 酉 亥

■ **課體** : 重審課 · 退間傳格(時遁格) · 病胎格

■ **占斷** : 경영 불순하다. 神祇를 봉하여 전하지 못하고, 미래 경영도 불리하다. 마땅히 장기계획(영구적, 훌륭한)을 세워야 한다.

■ 課象分析

1. 일간상신 巳火는 일간과 비화하고 흉장인 천공이 승했다. 표면적으로는 좋아 보이나, 실제로는 공허하다.

2. 일지상신 亥는 천을귀인이나, 귀살로 일간을 극한다. 이것은『畢法賦』48法에서「귀승천을내신지(鬼乘天乙內神祇)」라 하고, 일지를 가게(점포)로 하고, 그 가운데 모시고 있다(宅에 귀승천을이 있다). 현재 삼전 중 초전 亥는 일간상신 巳와 冲 을 하고 있어, 귀살을 봉하고 있어 생기(吉)의 기운이 쇠퇴하고 있다.

3. 간지상신 巳와 亥는 相冲을 하여, 사람과 가택은 안녕하지 못하다. 또한 시비가 끊이지 않는다.

4. 과전이 모두 酉·亥로 구성되어(귀인), 편지귀인이 되어 귀인에 의지할 수 없다.『畢法賦』44法의「과전구귀전무의(課傳俱貴轉無依)」가 되어, 일과는 일치하지 않는다.

5. 삼전 亥·未·酉로 시둔괘(時遁卦)이고, 이루고자 하는 謀望이 숨어있는 상이다.

6. 경영은 구재가 主가 되나, 傳中 酉財는 공망이 봉해져 있다.

7. 본명 未 상신 巳는 천공이 승하고, 행년 巳의 상신 卯는 구진이 승하여, 모름지기 구진의 관송을 막아야 한다.

第 49 法 양귀수극난간귀(兩貴受剋難干貴)

解說 **양 귀인이 모두 수극을 당할 때이다. 귀인의 요청사는 이루어 질 수 없다.**

1. 백호혹승임축격(白虎或乘臨丑格) : 백호가 丑에 승하거나 임할때 귀인사는 귀인이 노하여 不 可 하고 소 송정단은 흉하고 문서일을 길하다.

2. 귀인기탄격(貴人忌憚格) : 주작에서 귀인을 극할 때, 귀인 요청사는 불가하고, 특히 문서에 관련 정단은 불길하다.

3. 진주작격(眞朱雀格) : 주작이 午에 승하여 태세 또는 일간을 생할때, 祖庭으로부터의 조정사는 吉하다. 임금 앞에 도달하는 것은 吉하다.

豫題49 **오빠의 운의 吉凶?**

乙亥年 己丑月 辛亥日 未時 丑將(空-寅卯) (命-庚寅 年-亥) 晝占

乙	辛	乙
玄 巳	合 亥	玄 巳
亥	巳	亥

甲	庚	乙	辛
陰 辰	勾 戌	玄 巳	合 亥
辛 戌	辰	亥	巳

合 辛 亥 巳	朱 壬 子 午	ヒ 癸 ㉾ 未	貴 ○ 寅 申
勾 庚 戌 辰	辛亥日 7局		后 ○ 卯 酉
青 己 酉 卯○			陰 甲 辰 戌
空 戊 申 寅○	白 丁 未 丑	常 丙 午 子	玄 乙 巳 亥

■ **課體** : 返吟課 · 斬關格 · 四絶格

■ **占斷** : 오빠의 운세는 지극히 이지러 지고 어려워 함정에 빠져 놀라고 절망적이다. 귀인의 만남이 어렵고 동요하고 불안하며 기가 숨을 돌리기 어렵다. 재무상태는 부도이고 압력이 잇따라 온다.

■ **課象分析**

1. 일간상신 辰은 일간을 생하고 반음과이다.

2. 일지상신 巳火는 귀살로 악장인 현무가 승하고 세파(世破)가 되고 대모(大耗)가 되어 흉함을 알 수 있다. 그리고 발용 巳火는 지상으로 내려와 가택으로부터 일어나 발용이 되었다.

3. 삼전은 冲하고 또 冲하여 반음무의격이다. 초전의 巳火는 일지의 역마로 심상치 않다. 반음과에서 교차상극하여 일은 한가지가 아니다.

4. 주간귀인 寅은 申에 앉아 있고, 야간귀인 午는 子에 앉아 있다. 이를 「양귀수극(兩貴受剋)」이라 한다. 따라서 귀인이 스스로를 지키지 못하여 도움을 줄 수가 없다. 귀인이 어려움을 만나서, 『畢法賦』 49法에서 「양귀수극난간귀(兩貴受剋難干貴)」라 한다. 또 귀인이 공망을 봉하고 극을 당하여 일의 어려움을 겪는다.

5. 과전 중 6처에 財爻가 보이지 않는다. 또 과전 중 寅卯 財爻는 공망이 된다. 그리고 행년 亥의 상신 巳는 월신살 대모(大耗)이다. 이미 주머니가 텅빈 상태로. 재무적으로 반드시 부도가 난다.

6. 본명 寅의 상신 申은 일간의 록신이면서 천공이 승했다. 년·명 모두 불리하다.

第 50 法 이귀개공허희기(二貴皆空虛喜期)

解說 **兩貴人이 모두 공망일 때.**

타인으로부터 기쁜 소식이 있더라도 믿으면 안된다. 허망, 기망

豫題50 **林先生의 오리사육 4~7월의 출하의 吉凶?**

癸酉年 甲子月 丁丑日 亥時 丑將(空-申酉) (命-甲午 年-巳) 夜占

○	乙	丁
酉 貴	亥 陰	丑 常
未	酉 ○	亥

○	乙	己	辛
酉 貴	亥 陰	卯 空	巳 勾
丁 未	酉 ○	丑	卯

癸 未 朱 巳	○ 申 匕 午	○ 酉 貴 未	甲 戌 后 申 ○
壬 午 合 辰	丁丑日 11局		乙 亥 陰 酉 ○
辛 巳 勾 卯			丙 子 玄 戌
庚 辰 青 寅	己 卯 空 丑	戊 寅 后 子	丁 丑 常 亥

- **課體** : 重審課 · 退間傳格(凝陰格)
- **占斷** : 전도는 좋아 보이나, 오리 사육이 쉽지 않다. 구재는 불리하고, 환희는 빈 알맹이다(없다).

■ 課象分析

1. 일간상신 酉는 귀인의 財이다. 또 발용이 되어 태세를 봉하고 있으나, 酉는 공망이 된다. 그 음신 亥는 밤 귀인이 되고 일간을 극한다. 따라서 흉악한 것이 감추어져 있다. 본 점은 사육점이다. 酉의 유신은 닭, 오리 류이고, 지금 일간상신에 임했다. 이는 본 점을 나타낸다. 그러나 애석하게도 酉가 공망이 되고 일간의 死宮이 된다.

2. 일지상신 卯는 천공이 승한다. 또 일지의 敗神이 된다.

3. 일지상신 卯는 간상 酉와 冲을 하여 冲破課가 된다. 유신인 酉는 공망이며 死宮이 되고, 또 冲破를 봉하고 있다. 오리사육이 어렵다.

4. 삼전은 酉·亥·丑으로 응음격(凝陰格)이다. 陰에 陰이 들어오는 격이다. 따라서 前行(앞으로)이 불리하다. 초전인 財爻는 空死(공망과 사궁)가 되고, 중전 亥水는 귀살이고, 귀살화되어 일지의 역마가 된다. 구재는 기쁘지 않다. 말전 丑은 둔간에 정신이 있어서 역마에 정신이 된다. 모두 동요의 상이다. 안정되지 않는다.

5. 과전에 양귀인이 모두 발현되어 있다. 그러나 酉는 공망이 되고, 亥 역시 함공이 된다. 양귀인이 모두 공함이 된다. 이를 『畢法賦』 50法에서 「이귀개공허희기(二貴皆空虛喜期)」라 하고, 양귀인사는 어려움을 겪는다.

6. 본명 午의 상신 申財이고, 행년 巳의 상신 未는 주작이 승했다. 따라서 한번의 기쁨과 한번의 근심이 된다. 그러나 金局의 과전이 불리하여 어렵다.

第 51 法 괴도천문관격정(魁度天門關隔定)

解說 **戊加亥하여 모망사의 막힘과 관문이 있다.**

사람을 방문하면 만나기 어렵고 도적은 잡기 어려워진다. 백호가 승하면 더욱 흉하다.

豫題51 **직업의 吉凶?**

丙子年 庚寅月 庚子日 子時 亥將(空-辰巳) (命-己亥 年-未) 借客書占

戊	丁	丙
玄 戌	常 酉	白 申
亥	戌	酉

乙	甲	己	戊
空 未	青 午	陰 亥	玄 戌
庚 申	未	子	亥

<table>
<tr><td>○
合 辰
巳○</td><td>○
勾 巳
午</td><td>甲
青 午
未</td><td>乙
空 未
申</td></tr>
<tr><td>癸
朱 卯
辰○</td><td colspan="2" rowspan="2">庚子日
2局</td><td>丙
白 申
酉</td></tr>
<tr><td>壬
匕 寅
卯</td><td>丁
常 酉
戌</td></tr>
<tr><td>辛
貴 丑
寅</td><td>庚
后 子
丑</td><td>己
陰 (亥)
子</td><td>戊
玄 戌
亥</td></tr>
</table>

■ **課體** : 元首課 · 退連珠格

■ **占斷** : 모든 일이 어렵고 不通하고 음식을 먹어도 맛을 모르고 아끼는 것을 버리는 격으로 회사에서의 공동체 의식을 전혀 느낄줄 모르고 움직이려 생각해도 얻어지지 못하고 일련의 모든 사항은 83년도부터 어려움이 있었다.

■ 課象分析

1. 천괴(天魁) 戌에 현무가 승하여 천문 亥에 가하여 발용하였다. 이를 "괴도천문(魁度天門)"이라 하고, 주로 일의 막힘이 중중하다. 일을 함에 있어 소통이 어렵다. 『畢法賦』 51法의 「괴도천문관격정(魁度天門關隔定)」에 해당된다.

2. 일간상신 未는 일간을 生하며 천공이 승해 있다. 虛가 살아 있다. 그리고 그 음신 午는 청룡이 승하여 일간을 극하고 있다. 따라서 반드시 財務의 압력을 받고 있다.

3. 일간기궁 申은 일지상신 亥와 六害이고, 일간상신 未는 일지(지진) 子와 육해관계로, 교차육해가 되고 있다. 일간은 자신을 나타내고 지진은 회사를 나타내어 양쪽이 서로 해(害)를 나타내고 일에 있어 인정받지 못하고 있다. 또한 구점인의 상대방으로 하여금 인정을 받지 못하고 있다.

4. 삼전 戌·酉·申은 퇴연주격이다. 기운이 쇠퇴하는 격으로 퇴하는 중 중전 酉는 둔간에 정신(丁神)이 임하고, 움직임을 염두해 두어야 한다. 또한 酉는 戌에 앉아 있어 둔간 정신이 입고되어 움직임으로 이익이 없다. 또 퇴향으로 말전 申은 비록 일간의 록신이 되나 암귀인 丙火를 봉하고 있다. 더군다나 흉장인 백호가 승하여 있다. 進退가 모두 어렵다.

5. 구점인의 본명 申 상신 未는 천공이 승하고 있어 모든 것이 허사이다. 행년 辰의 상신 卯는 재성으로 과전이 좋지 않아 응당 좋지 만은 않다.

第 52 法 강색귀호임모위(罡塞鬼戶任謀爲)

解說 **천강 辰이 鬼戶 寅에 加하면 모든 재액을 면할 수 있다.**

이는 삼전에 있고, 없고를 막론하고 모두 같다. 무리 귀살이 노리지 못한다.

1. 귀색귀호격(貴塞鬼戶格) : 貴人이 寅에 임할 때, 삼전이 일간의 귀살이 되더라도 일을 도모할 수 있다.

2. 신장살몰격(神藏殺沒格) : 甲戊庚 세 천간일에 丑·未 양귀인이 지반 亥위에 가하면 貴登天門 이다. 사살이 몰하고 여섯 신이 숨어 모든 정단이 吉하다.

豫題52 **차남 학업의 吉凶?**

丙子年 壬辰月 戊戌日 未時 酉將(空-辰巳) (命-庚申 年-午) 書占

庚	壬	○
后 子	ヒ 寅	合 辰
戌	子	寅

乙	丁	庚	壬
空 未	常 酉	后 子	ヒ 寅
戊巳	未	戌	子

乙 空 未 巳○	丙 白 申 午	丁 常 ㊇ 未	戊 玄 戌 申
甲 青 午 辰○	戊戌日 11局		己 陰 亥 酉
○ 勾 巳 卯			庚 后 子 戌
○ 合 辰 寅	癸 朱 卯 丑	壬 ヒ 寅 子	辛 貴 丑 亥

■ **課體** : 重審課 · 進間傳格(向三陽格) · 罡塞鬼戶格

■ **占斷** : 학업 성적이 좋아 지원하는 곳에 합격한다.

■ 課象分析

1. 일간상신 未는 천공이 승한다. 일반적으로 허위, 부실을 나타내나, 유일하게 고시점에서는 주서(奏書)의 神으로 나타난다. 그 원인은 귀인의 대궁(對宮)으로 귀인을 알현함을 알 수 있다. 또 그 음신 酉는 길장인 태상이 승하여 월장이 적용되어 고시점 임을 알 수 있다. 학업은 빛나고 찬란하다.

2. 발용인 子水는 천후가 승하여 태세가 된다. 또한 일간의 財爻이다.

3. 삼전이 子·寅·辰의 향삼양격(向三陽格)으로 말전이 공망이 되어 본 과전에서 불리하나 스스로 어둠이 걷치니 후에 작은 이익이 있다. 또 본 과전에서의 占月은 辰月이 된다. 辰은 왕상하고 辰加寅이 형성되어 "강색귀호(罡塞戶鬼)"라 한다. 또한 낮점에서 귀인은 丑에 승하여, 이를 "귀등천문(貴登天門)"이라 하고, 신장살몰로 吉格이다. 52法에서의 「강색귀호임모위(罡塞鬼戶任謀爲)」가 된다. 『畢法補談』에서 역시 말하기를 「색호등천유경수(塞戶登天有慶隨)」로 색호의 등천은 1과 2를 하나하나 대조분석해 보면 앞길의 원대한 모하는 일을 알수가 있다. 본인이 원하는 일은 발전 성취할 수 있다.

4. 본명 申의 상신 戌은 천괴이고, 행년 午의 상신 申은 일간의 록신이고 백호가 승해있다. 따라서 질병에 대하여 방비하여야 한다.

第 53 法 양사협묘흉난면(兩蛇夾墓凶難免)

解說 **등사가 양쪽이 되며, 묘신이 끼면 흉을 면하기 어렵다.**

질병정단이면 적괴(암)이고, 소송정단은 수금되고, 출산정단은 흉하다. 이에 양상협묘(兩常夾墓), 양구협묘(兩勾夾墓), 양귀협묘(兩貴夾墓), 양공협묘(兩空夾墓) 등이 있다.

豫題53 **林先生의 채무의 吉凶?**

壬申年 己酉月 丙午日 亥時 辰將(空-寅卯) (命-丁酉 年-丑) 夜占

甲	己	○
辰 白	酉 朱	寅 玄
亥	辰	酉

庚	○	辛	甲
戌 ヒ	卯 常	亥 貴	辰 白
丙巳	戌	午	亥

庚 戌 ヒ 巳	辛 亥 貴 午	壬 子 后 未	癸 丑 陰 申
己 酉 朱 辰	丙午日 8局		○ 寅 玄 酉
戊 申 合 卯 ○			○ 卯 常 戌
丁 未 勾 寅 ○	丙 午 青 丑	乙 巳 空 子	甲 辰 白 亥

■ **課體** : 知一課 · 六儀格 · 四墓格

■ **占斷** : 극히 흉한 정단으로, 가택은 안녕하지 못하고, 횡화가 발생한다. 혈광지사와 화해하기 어려우니, 강탈당하는 것을 원치않으므로 일을 좋게 처리해야만이 화를 피할 수 있다.

■ **課象分析**

1. 일간상신 戌은 일간의 묘신이며 등사가 승해있다. 그리고 일간 丙火의 기궁은 巳이다. 「양사협묘(兩蛇夾墓)」라 한다. 주로 흉하고 암매하며 흉재와 악이 생긴다. 『畢法賦』 53法에서 「양사협묘흉난면(兩蛇夾墓凶難免)」이 된다.

2. 8월(酉) 점에서, 간상 戌은 월신살 상혼과 년살인 상문 및 혈기가 되어 극히 흉신살이 된다. 주로 혈광, 사망, 곡 등의 일이 된다.

3. 일지상신 亥는 귀인이 승하여 지진 午를 극하고, 支로 가택을 나타내며, 또 지상신 亥는 비렴살(飛廉殺), 겁살(劫殺) 등의 흉살이 된다. 그러므로 횡화가 가택에 임하여 가택이 불안한 상이다.

4. 초전 辰은 월장으로 백호가 승하고, 일간상신인 사묘(蛇墓) 戌과 冲을 하여 파묘(破墓)가 된다. 따라서 일간상신 등사와 묘신을 해결할 수 있고 또한 말전 寅木은 공망으로 초전 백호가 승한 辰을 극하나 寅이 공망이라 辰을 극하지 못한다. 구점인 본명 酉의 상신은 寅이다. 따라서 공망인 寅木이 메워진다. 따라서 구점인은 만족하지 못한다.

5. 본명상신 寅은 본명 酉의 財爻이다. 그러나 寅은 대모살과 흉장인 현무가 승하여, 재물을 손해(劫財)보는 상으로 나타난다.

第 54 法 호시봉호력난시(虎視逢虎力難施)

解說 **柔日(陰日) 호시과에서 백호가 승할 때, 지극히 큰 경공사가 발생한다. 다른 말로 호시전봉격(虎視傳逢格)이 되고, 묘성은 천반 酉下의 신을 발용하여, 이를 동사엄목(冬蛇掩目)이라 한다.**

豫題54 **黃先生이 王·林先生과의 동업 吉凶?**

乙亥年 戊寅月 辛未日 亥時 子將(空-戌亥) (命-丙申 年-巳) 夜占

壬	○	壬
申 陰	亥 白	申 陰
未	戌	未

○	甲	壬	癸
亥 白	子 空	申 陰	酉 玄
辛 戌	亥	未	申

庚 午 貴 巳	辛 未 后 午	壬 申 陰 未	癸 酉 玄 申
己 巳 ヒ 辰	辛未日 12局		○ 戌 常 酉
戊 辰 朱 卯			○ 亥 白 戌 ○
丁 卯 合 寅	丙 寅 勾 丑	乙 丑 靑 子	甲 子 ㉾ 亥

■ **課體** : 昴星課(冬蛇掩目格)

■ **占斷** : 피차 속이고 탈기함. 놀랄 일이 많고, 사안이 좋게 끝나지 못하고, 작은 일로 서로 반목하고 신체(건강)를 유의해야 질병 대비한다. 서로 財가 흩어지고 어지럽다.

■ 課象分析

1. 일간 辛金의 기궁은 戌이다. 戌은 공망이 된다. 자신이 락공(落空)이 되어 기세가 약하다.

2. 일간상신 亥는 흉장인 백호가 승하여 일간을 탈모하고 있다. 불안하고 놀랄 일이다. 그리고, 그 음신 子역시 천공이 승하여 일간을 탈기하고 있다. 모든 것이 설(泄)하여, 탈(脫)하고, 空이 되어 만사 실속이 없고, 괴이하고 안정되어 있지않다.

3. 일지는 타인이다. 지금 일지상신 申은 지진 未를 탈기하고 있다. 타인 역시 탈모를 당하고, 주·객(피차) 모두 탈모를 당하는 상이다. 또 일간상신 亥와 일지상신 申은 서로 육해의 관계이다. 서로 시기하고 불신임을 하고 있는 형상이다. 『畢法賦』 76法에서 「피차시기해상수(彼此猜忌害相隨)」의 뜻을 가지고 있다.

4. 발용인 申金은 태음이 승하고 백호의 본가이기도 하다. 중전 亥水는 백호가 승하고 말전은 다시 돌아 申역시 초전과 같이 백호의 본가이기도 하다. 이어서 같은 사과에 간지 상신이 亥와 申으로 모두 5마리의 호랑이를 공유하고 있다. 『六壬大全鈴』에서 「야승호, 삼전전해, 수미상잉, 앙화중중, 범점경상중중(夜乘虎, 三傳全害, 首尾相仍, 殃禍重重, 凡占驚衆重重)」으로 야점에서는 백호 삼전은 모두 해(害)이고 처음과 끝은 서로 같지 않고 재앙과 화는 많고 모든점은 놀라는 상이 아주 많다 하였다.

5. 일지는 타인을 나타낸다. 그 음신 酉는 일간의 록신이지만 현무가 승했다. 이는 「록피현탈(祿被玄脫)」이라 한다. 그리고 구점인의 본명 申의 상신 酉 역시 같다. 쌍방이 모두 財가흩어지고 어지러움을 면할 수 없다.

6. 일간상신 亥는 백호가 승하고, 일간음신 子역시 탈모, 손모의 기운이 있다. 반드시 체력이 쇠약할 수 있다.

7. 본 과는 묘성과로 酉의 지반 申이 발용하였다. 夜占에서 다시 다섯마리의 호랑이를 봉한다. 지극히 흉하다. 놀라고 어려운 일이 빈번이(많이) 발생한다

第 55 法 소모다졸봉라망(所謀多拙逢羅網)

解說 **干支上神에 천라지망(天羅地網)殺이 되었을 때, 모든 정단에서 不通 단 年命에서 간지상신과 冲을 하여 破網될 때, 또 공망이 되어 空網이 될 때, 그 해가 해소된다.**

豫題55 **경선에서 연임의 吉凶?**

乙亥年 丁亥月 乙丑日 寅時 卯將(空-戌亥) (命-乙未 年-未) 晝占

丙	丁	戊
空 寅	青 卯	勾 辰
丑	寅	卯

己	庚	丙	丁
合 巳	朱 午	空 寅	青 卯
乙 辰	巳	丑	寅

朱 庚午巳	匕 辛未午	貴 壬申未	后 癸酉申
合 己巳辰	乙丑日 12局		陰 ○戊酉
勾 戊辰卯			玄 ○亥戌○
青 丁卯寅	空 丙寅丑	白 乙丑子	常 甲子亥○

■ **課體** : 元首課 · 進連珠格(正和格)

■ **占斷** : 목소리를 낮추고 겸손하면 놀랄일은 있지만 당선 가능하다.

■ **課象分析**

1. 일간상신 巳火는 일간 乙木을 탈기한다. 그러나 다행히 길장인 육합이 승했으나, 기력은 다하였지만 화합(人和)은 아직 남아있다.

2. 일지상신 寅木은 흉장인 천공이 승하고 있다. 주로 허황되고 부실로 일지를 극하고 있다. 따라서 가택이 불안하다. 일지는 객체의 목표가 된다. 현재 寅木은 겁재로써 일지를 극하고 있다. 또한 일간과 比劫爭財가 일어난다. 『大六壬全鈴』에서 말하기를 형재분쟁, 경쟁이 극렬함을 알 수 있다.

3. 간지상신은 寅巳로 서로 육해를 한다. 따라서 반드시 서로 시기하는 일이 있다. 『畢法賦』 76法의 「피차시기해상수(彼此猜忌害相隨)」 가 된다.

4. 일간과 일지 乙丑은 협정(夾定)으로 삼전의 寅·卯·辰과 比劫이 된다. 이를 "간지공전(干支拱傳)"이라 하며, 본래의 뜻은 승천(升遷)에 이로우나, 木局의 劫財가 된다. 반드시 경쟁이 치열하여 재산의 손실이 크다.

5. 일간상신 巳는 기궁 辰의 前 1位로, 이를 "천라(天羅)" 라고 하고, 일지상신 寅은 지진 丑의 前 1位,를 "지망(地網)"이라 한다. 움직이면 양인과 지망에 그 스스로 자박(自縛)이 된다. 자신을 벗어나기 어렵다. 『畢法賦』 55法에서 「소모다졸봉라망(所謀多拙逢羅網)」 이라 한다.

6. 다행히 삼전의 寅·卯·辰은 진연주이고,초전은 지망이다. 그러나 중전 卯를 인종하면서 卯에 길장인 청룡이 승하고 일간의 록신이 된다. 말전 辰은구진이 승하여 본 과를 正和課 라 한다. 『六壬大全鈴』 에서 말하기를 「탈도만전, 고향후재잠, 향후일보, 취재취록(脫盜滿前, 苦向後災潛, 向後一步, 就財就祿)」 로 탈도가 앞에 많으면 숨겨진 재앙이 고통스럽다하나

향후 앞으로 일보 나아가면 재와 록을 취한다.하였다.

7. 선거자 乙未 본명과 행년 역시 未로, 그 상신 申金은 귀인이 승해있다. 본명이 官貴를 갖추고 있다. 그리고 申金은 破寅網(申-寅冲하여), 파망(破網)이라 한다. 따라서 자신의 승리를 하고 쟁취할 수 있다.

第 56 法 천망자과이초재(天網自裹已招災)

解說 **墓神이 日干을 덮고, 그 묘신에 本命에 임할 때. 매사 昏迷하고 수명이 줄어든다. 스스로 자신을 얽매인다.**

1. 정신복일격(丁神覆日格) : 凶神+丁馬+月壓+天目(丁神壓目格) 극흉으로 괴이한 꿈이나 재액으로 쇠하게 된다.

豫題56 **매매(賣買)점포가 팔리겠는가?**

癸巳年甲寅月 乙卯日 酉時 子將 (空 - 子丑) 命- 庚子 年 - 未

辛	○	乙
酉 合	子 貴	卯 玄
午	酉	子 ○

己	壬	戊	辛
未 青	戌 朱	午 空	酉 合
乙 辰	未	卯	午

<table>
<tr><td>庚
申 勾
巳</td><td>辛
酉 合
午</td><td>壬
戌 朱
未</td><td>癸
亥 匕
申</td></tr>
<tr><td>己
未 青
辰</td><td colspan="2" rowspan="2">乙卯日
10局</td><td>○
子 貴
酉</td></tr>
<tr><td>戊
午 空
卯</td><td>○
丑 后
戌</td></tr>
<tr><td>丁
巳 白
寅</td><td>丙
辰 常
丑 ○</td><td>乙
卯 玄
子 ○</td><td>甲
寅 陰
亥</td></tr>
</table>

■ **課體** : 涉害課 · 三交格 · 勵德格

■ **占斷** : 록현탈격이 되어 점포는 매매불가하다.

■ 課象分析

1. 매매정단에 있어서 일간을 사람, 일지를 점포로 본다. 일간상신 未는 청룡이 승하여 일간의 묘신이 된다. 점포 주인이 돈으로 인한 심한 압박을 받는 상이다. 또한 일간음신 戌 역시 일간의 재성으로 주작이 승하여 문서(계약서)를 통한 財를 습득하려 한다. 매매정단에서는 일반 유신보다는 財를 통한 과전이 형성되어야 거래가 원활할 수 있다. 일지상신 午는 천공이 승하여 일간을 탈한다. 점포의 운영이 좋지 않은 상황임을 알 수 있다. 일지 卯가 상신 午에 탈기를 당하고 그 천신 천공(戌戌)으로 다시 탈기를 당한다. 이 경우 『畢法賦』 15法에서 「탈상공탈방허사(脫上空脫防虛詐)」라 하여, 모든 것을 잃는 격이 된다. 또한 음신 酉는 귀살이 되고 다시 둔귀(明暗作鬼)가 되어 일간을 격하게 극하여, 그 주변이 모두 어려움을 겪고 있다는 것을 알 수 있다.

2. 초전 酉 귀살로 또 둔귀로 명암작귀(明暗作鬼)가 되어 사정없이 일간을 극한다. 중전 子 역시 귀인이지만 순공이 되고, 말전 卯는 일간의 록신이지만 현무가 승하여 공함이 된다. 이때 祿에 현무가 승한 것을 「록현탈격(祿玄脫格)」이라 하여, 나의 권리나 주장을 타인에게 빼앗길 수 있다. 또한 일록이 공망이 되었다는 것은, 즉 식록사가 앞으로 가망이 없다는 경우이다. 사업경영 정단에서, 이 경우는 폐업을 해야 만이 마땅하다. 따라서 3전의 모든 전이 일간에게 전혀 도움이 되지 못한다.

3. 점자의 본명 子의 상신 卯는 현무가 승하여 함공이 되어 祿空亡이 되어 祿의 자리가 오 간데 없고, 행년 未는 일간의 묘신이 되며, 그 상신 戌은 주작이 승하여 문서는 묘지 속으로 들어가는 형상으로 거래(매매)의 기대는 전혀 바라볼 수 없다.

第 57 法 비유여이득부족(費有餘而得不足)

解說 **과전에 공망이 많이 들어 소득은 부족하고 지출은 지나쳐서, 그 소득이 지출을 감당할 수 없다.**

1. 득소실다격(得小失多格) : 초전에는 小財, 중·말전의 失脫이될 때, 작은 것을 탐하다가 큰 것을 잃는 격이다(貪他一粒米 失却半年糧格)

豫題57 **開發(新生地) 여부 吉凶?**

壬申年 丙午月 辛巳日 丑時 未將(空-申酉) (命-辛卯 年-未) 夜占

辛	乙	辛
巳 后	亥 青	巳 后
亥	巳	亥

庚	甲	乙	辛
辰 陰	戌 勾	亥 青	巳 后
辛 戌	辰	巳	亥

乙 亥 青 巳	丙 子 空 午	丁 丑 白 未	戊 寅 常 申 ○
甲 戌 勾 辰	辛巳日 7局		己 卯 玄 酉 ○
○ 酉 合 卯			庚 辰 陰 戌
○ 申 朱 寅	癸 (未) 匕 丑	壬 午 貴 子	辛 巳 后 亥

■ **課體** : 返吟課(無依格) · 四絶格

■ **占斷** : 서로 생각이 같은 후에야 좋은 관계가 된다. 得少失多한다. 합작은 허위이다. 중대한 변화로 인하여 놀랄일이 있고, 앞으로 나가기 쉽지 않다.

■ 課象分析

1. 일간상신 辰土는 일간을 생하여 마치 소득이 있는 듯 하나 그 음신 戌은 일간상신 辰과 冲을 하고 구진이 승했다. 반드시 앞으로의 일이 불분명하다. 득이 있는 것에 冲이 되어 안정적이지 못하다(安穩하지 못함).

2. 일지상신 亥水는 청룡이 승했다. 마치 재성이 집에 들어 좋아 보인다. 그러나 일간을 탈모하고 있다. 다행히 모두 소진하지는 않아 보인다.

3. 일간상신 辰은 일지 巳를 탈기하고, 일지상신 亥는 일간 辛金을 탈하여 교차상탈하여 『畢法賦』 35法 「인택수탈구초도(人宅受脫俱招盜)」가 된다. 『畢法補談』 역시 「인택수탈다실모(人宅受脫多失耗)」 가 된다.

4. 발용 巳火는 일간의 귀살이나 일간 辛金의 장생이 된다. 또한 밤 정단에서 천후가 승하여 극이 일어나고 있다. 중전은 亥水로 초전과 冲과 역마를 겸하여 극제하고 있어 반유소비(反有所費), 즉 벌어 들여지는 것보다 나가는 것이 더 많다. 하나를 얻으면 나가는 것이 10이다. 『畢法賦』 57法의 「비유여이득부족(費有餘而得不足)」이 된다.

5. 辛金의 낮 귀인인 寅은 申에 坐하고 밤귀인은 子에 午가 앉아 모두 冲을 봉하고 극을 한다. 이 『畢法賦』 49法에서 「양귀수극난간귀(兩貴受剋難干貴)」 가 된다. 귀인이 자신을 돌 볼 여유가 없어 "귀인난봉(貴人難逢)" 이라 한다.

6. 점인의 본명 卯의 상신 酉는 일간의 祿이지만 공망을 봉한다. 록이공망이 되면 허의(虛意)가 되고 행년 未의 상신 丑은 일간의 묘지이다. 이는 혼미하고 미몽(迷矇)하다.

7. 본 과는 반음과로서 일이 반복됨을 나타내고, 일에 대한 중대 변화가 발생한다.

第 58 法 용파심신무소의(用破身心無所依)

解說 **초전의 吉神이 파손되면 일의 어려움을 겪는다.**

豫題58 **미국유학의 吉凶?**

甲戌年 庚午月 庚寅日 巳時 未將(空-午未) (命-壬寅 年-丑) 晝占

壬	○	甲
合 辰	靑 午	白 申
寅	辰	午 ○

丙	戊	壬	○
玄 戌	后 子	合 辰	靑 午
庚 申	戌	寅	辰

空 ○ 未 巳	白 甲 申 午	常 乙 酉 未	玄 丙 戌 申
靑 ○ 午 辰	庚寅日 11局		陰 丁 亥 酉
勾 癸 巳 卯			后 戊 子 戌
合 壬 辰 寅	朱 辛 卯 丑	ヒ 庚 寅 子	貴 己 丑 亥

■ **課體** : 涉害課 · 進間傳格(登三天) · 罡塞鬼戶格 · 貴登天門格

■ **占斷** : 학업에 대하여 어려우나, 결국 끝에 어렵게 이루다(달성한다).

■ 課象分析

1. 일간상신 戌은 하괴(河魁)이다. 지진의 상신 辰은 천강(天罡)이다. 또 발용 역시 천강 辰이다. 모두 괴강으로 이루어져 있다. 몸을 움직임에 이상이 있다. 일은 마치 이루어질 듯 보인다.

2. 삼전이 辰·午·申 으로 "등삼천"이다. 일은 원대하고 용(龍)이 나는 큰 뜻을 지니고 있다.

3. 귀인 丑이 亥에 가하여 "귀등천문"이 되고, "신장살몰(神將殺沒)"이 형성되어 있다. 또 천강 辰이 寅에 임해 "귀호(鬼戶)"가 되어 「강색귀호(罡塞鬼戶)」가 된다. 행동에 밝게 비추어 진다. 이는 「강색귀호임모위(罡塞鬼戶任謀爲)」가 되어 "색호등천(塞戶登天)"은 경사(慶事)를 이끌 수 있다.

4. 발용 辰 천강은 일간을 생하여 좋아 보인다. 그러나 辰土는 寅木에 앉아 있다. 또 육합은 乙卯木으로 「초조협극(初遭夾剋)」 협극을 만난다. 따라서 辰土는 생하여 주어도 생할 수 없는 것이 된다. 그리고 중전 午鬼는 일간을 극한다. 또한 공망이 된다. 말전 申덕록이 되나 함공이 된다. 또한 백호가 승했다. 이는 흉이 일어남을 알 수 없다. 삼전의 형성이 좋지 못하여 오지도 가지도 못하고 자신의 몸과 마음으로 그와 반대로 의탁할 곳이 없으므로 『畢法賦』 58法의 「用破身心無所歸」의 뜻을 나타낸다.

5. 본명 寅 상신 辰 천강이고, 행년 丑의 상신 卯는 일간의 財星이고, 학문으로 이어지는 것이 미약하다.

6. 『六壬大全鈴』의 결론은 謀하는 것은 사용 가능하나 행동은 무익하다.

第 59 法 華蓋覆日人昏晦

解說 **화계 庚 묘신이 일간에 임할 때, 매사 혼미, 암매하다.**

소송 점에서 원통하지만 그 뜻을 풀 수 없고, 행인은 뜻대로 되지 않는다.

豫題59 **투자의 길흉?**

癸未年 乙卯月 丁未日(空 寅卯)未時 (戌將) 命 - 壬寅 年 - 丁未 夜占

辛	庚	庚
亥 陰	戌 后	戌 后
申	未	未

庚	癸	庚	癸
戌 后	丑 常	戌 后	丑 常
丁未	戌	未	戌

戊 申 巳 匕	己 酉 午 貴	庚 (戌) 未 后	辛 亥 申 陰
丁 未 辰 朱	丁未日 10局		壬 子 酉 玄
丙 午 卯 合			癸 丑 戌 常
乙 巳 寅 勾	甲 辰 丑 青	○ 卯 子 空	○ 寅 亥 白

■ **課體** : 八傳課(帷薄不修格) 斬關格

■ **占斷** : 투자는 불리하고혈광지사를 방비해야한다.

■ 課象分析

1. 春占에서의 일간의 왕상의 기세가 있다. 그러나 애석하게도 墓神이 복일(覆日)을 하고 있고, 과전의 7개의 土가 일간을 탈하고 있다. 크게 손실을 보는 형상이다. 또한 발용된 亥水는 휴수한다. 과거에 투자된 것을 알 수 있고, 아직 투자가 안된 상태이다.

2. 간 • 지상신은 戌로 魁星으로(하괴) 참관(斬關)이 되어 있다. 또 과전은 팔전이다. 柔日 팔전은 줄어들고 지리하며 의심의 여지가 있다. 따라서 막히고 불순함을 알 수 있다.

3. 발용 亥는 일간의 덕신이면서 귀살이 된다. 간상인 戌土에 의해 制를 당한다. 중·말전 戌土로 쌍묘(雙墓)로써 일간을 탈하고 있다. 일간 하나에 7土가 있어, 자본이 잠식당한다. 간상 戌墓에는 천후가 승하고 있다. 이를 건위(蹇幃)라 한다. 고통·신음의 상이다. 다행히 戌土는 월장이 되어 흉을 감소시킬 수 있다. 간·지 음·양이 丑戌未 三刑으로 이루어져 있다.「刑」者「傷」이 라, 상하고 재앙이 있음을 알 수 있다. 본명 寅상신 巳火는 양인(羊刃)이 되고, 일지 역마인 亥와 冲을 하여 발용이 되었다. 또한 행년 未 상신인 戌土는 일간의 묘신을 逢하고 있다.「墓」者 入醫院의 상이다(아플상이 될 수 있다). 또한 3월 辰 상신에 未戌刑을 보고, 또 未月에 丑戌未의 삼형을 본다. 또한 토왕(土旺)절의 일간을 설(泄).탈(脫)하고 있다. 3월에는 혈광지사(血光之事)의 상이 발현된다.

第 60 法 태양사택옥광휘(太陽射宅屋光輝)

解說 **月將이 家宅에 임할 때, 가옥에 광명이 있다.**

일반인은 윗 사람의 은혜를 입고, 만약 子年이면 그 해에 귀자를 출생한다. 그 외에 월장을 논하면 밤방위(戌亥子丑寅)에 앉는 것은 꺼려 쓸 수 없다. 태양이 일간에 임하면 사무친 원한을 변별해 밝히는데 좋다.

豫題60 **가택 정단 吉凶?**

丙子年 癸巳月 丁未日 未時 酉將(空-寅卯) (命-乙未 年-卯) 晝占

己	辛	癸
朱 酉	貴 亥	陰 丑
未	酉	亥

己	辛	己	辛
朱 酉	貴 亥	朱 酉	貴 亥
丁 未	酉	未	酉

勾 丁未巳	合 戊申午	朱 己酉未	ヒ 庚戌申
青 丙午辰	丁未日 11局		貴 辛亥酉
空 乙巳卯○			后 壬子戌
白 甲辰寅○	常 ○卯丑	玄 ○寅子	陰 癸丑亥

■ **課體** : (八傳)遙剋課 · 進間傳格(凝陰格) · 貴人遍地格 · 罡塞鬼戶格

■ **占斷** : 집안의 광선이 충족하다. 맞은편에 식당업 이나 옷 종류의 사업이나 木의 성질을 가진 장사가 유망하다. 좌,우의 이웃의 거주하는 사람들이 그 모양이 아름답다.다만 함께 살기가 쉽지 않고 애석하게도 이 가옥은 시비를 불러 일으킨다. 그 원인은 재로 인하여 화에 이른다.처음에는 흥왕해 보이나 후에는 가운이 쇠퇴한다.

■ 課象分析

1. 월장인 酉가 지상에 임했다. 이를 "태양사택(太陽射宅)"이라 한다. 집은 반드시 양을 향하여 밝고 좋다. 『畢法賦』 60法에서 「태양사택옥광휘(太陽射宅屋光輝)」라 한다.

2. 집의 전후·좌우 상황을 보면 제3과가 본인의 집이 되고, 제2과가 좌측의 이웃, 제4과가 우측의 이웃이 된다. 그리고 지진 未는 丑 방향의 이웃과 冲을 한다. 이것은 천지반도로 정단을 한다. 현재 丑 상신 卯 태상이 승하고 있다. 태상의 유신으로는 식당, 비단옷, 비로도(밸뱃), 그리고 卯木은 즉 木의 성질을 가진 일에 속하여 화분,원예, 목판 등등, 제2과의 상신이 제4과 상신에 이르러 모두 亥水에 귀인이 승했다. 일간의 귀살이 된다. 서로 아름답지 못한 모양으로 같이 어울려 함께 살기 어렵다.

3. 간지상신 모두 월장인 酉財星이다. 더욱이 발용이 되었다. 음재이다. 따라서 흥융(興隆)할 수 있다. 그 이유는 丁火가 월건인 巳가 왕생하여 재물을 보기 때문이다.

4. 삼전이 酉·亥·丑으로 응음격(凝陰格)이다. 초전이 재성, 중전은 귀살, 그리고 말전이 丑은 파쇄살(破碎殺) 이며 둔간 癸는 일간의 암귀가 된다. 그러므로 후에 가세(가운)가 쇠퇴한다. 응음격은 전진하기 불리하다.

5. 4과 3전이 모두 酉亥가 보인다. 양귀인이다. 이로써 遍地貴人으로, 귀인에게 의존할 수가 없다. 『畢法賦』 44法의 「과전구귀전무의(課傳俱貴傳無依)」가 된다.

6. 未의 상신 酉財는 월장이다. 丑年의 상신 卯가 되어 태상이 승하여 일간을 도와 년·명은 잘 앉아 있다.

第 61 法 간승묘호무점병(干乘墓虎無占病)

解說

日墓에 백호가 승하여 일간에 임할 때.

사람은 매사 혼매함이 있다. 또한 원수에게 원한 맺힌 해코지 방지하고 질병은 사망하며 모든점은 혼매하고 흉악하다.

1. 호귀가간격(虎鬼加干格) : 虎鬼가 日干에 임할 때, 고시정단에서는 장원급제하나, 질병소송은 아주 흉하다.

豫題61 **蘇先生의 냉동사업의 吉凶?**

乙亥年 乙酉月 癸丑日 寅時 巳將(空-寅卯) (命-丙申 年-巳) 夜占

甲	丁	庚
辰 匕	未 勾	戌 白
丑	辰	未

甲	丁	甲	丁
辰 匕	未 勾	辰 匕	未 勾
癸 丑	辰	丑	辰

戊 申 青 巳	己 酉 空 午	庚 戌 白 未	辛 亥 常 申
丁 未 勾 辰	癸丑日 10局		壬 子 玄 酉
丙 午 合 卯○			癸 丑 陰 戌
乙 巳 朱 寅	甲 辰 匕 丑	○ 卯 貴 子	○ 寅 后 亥

■ **課體** : 元首課(八專) · 六儀格 · 生胎格 · 稼穡格

■ **占斷** : 압력으로 인한 진행이 어렵다. 연이어 시비가 접하고 86년에는 파산한다, 관송, 질병이 들을 운이다.

■ 課象分析

1. 일간상신 辰 일간의 묘신이며 귀살로 등사가 승했다. 그 음신 未는 귀살로 구진이 승해있다. 주로 혼미한 상이다. 편안치 못하고 놀라고 공포스러운 일이 있다. 또한 관송사가 숨겨져 있다.

2. 본 과는 팔전과 로써 제3과 와 제1과가 같다. 人宅이 모두 불안한 상이다.

3. 발용 辰은 일간의 묘신이며 귀살로 등사가 승했다. 중전 역시 未로 일간의 구진 귀살이다. 말전 戌은 호귀(虎鬼)이다. 전(傳)에 鬼賊殺이 많다. 또한 일간상신은 천라(天羅)로 일간을 덮고 있다. 일간을 극하는 것이 중중하여 곤란을 겪고 있다. 반드시 연이어 시비가 생겨 관송의 운이다. 또한 질병과 화를 대동한다. 즉『畢法補談』에서 말하기를「묘승사호다상손(墓乘蛇虎多傷損)」이 되어, 진행이 어렵다.

4. 삼전이 모두 土로 일간을 상하게 한다. 丁丑年에 이르러 가색이 4庫가 모여서 冲이 되어 놀라움과 화의 재앙이 중중하다. 이것은 재물로 인한 화가 이르는데, 丑 귀살이 되고, 둔간 丁神이 財가되기 때문이다.

5. 본명 申의 상신 亥 일간의 세를 가중시킨다. 그리고 행년 巳의 상신 申은 청룡이 승하여 일간을 생한다. 그러므로 84년 乙亥年에는 안도하는 해가 된다.

第 62 法 지승묘호유복시(支乘墓虎有伏屍)

解說 **백호가 墓神에 승하여 지상에 임할 때.**

가택에는 복시에 의한 괴이가 있거나 형체와 울림이 있다.

1. 호귀극지격(虎鬼剋支格) : 백호가 귀살에 승하여 일지를 극할 때, 가정에 재액 발생, 괴이사 발생

2. 묘문개격(墓門開格) : 卯酉日 등사, 백호가 승하여 지상에 임할 때, 거듭하여 喪을 당한다. 또 丁·癸·卯·酉日 묘신이 卯酉에 임하면, 진묘문개격(眞墓門開格)으로 상문, 조객이 되면 더욱 흉하다.

3. 사묘극지격(蛇墓剋支格) : 등사가 묘신에 승하여 일지를 극할 때 반드시 가정에서 괴이한 일이 빈번이 발생한다.

豫題62 **집(건물)의 吉凶?**

壬申年 辛亥月 丁巳日 酉時 寅將(空-子丑) (命-庚申 年-午) 夜占

丁	壬	乙
巳 勾	戌 后	卯 空
子 ○	巳	戌

○	丁	壬	乙
子 玄	巳 勾	戌 后	卯 空
丁 未	子 ○	巳	戌

壬 戌 巳 后	癸 亥 午 陰	○ 子 未 玄	○ 丑 申 常
辛 酉 辰 貴	丁巳日 8局		甲 寅 酉 白
庚 申 卯 匕			乙 卯 戌 空
己 未 寅 朱	戊 午 丑 合	丁 巳 子 勾	丙 辰 亥 靑

■ **課體** : 知一課 · 鑄印格 · 斬關格

■ **占斷** : 有名無財로 가택운이 좋지 않다. 아이의 공부에도 영향력이 크다. 후에 아이의 시험 등에 성적 부족하여 어려워진다. 현재 이 집은 식당으로는 어울리고, 먹고 마시는 계통의 업이 맞는다. 후 83年에 아이에게 혈광지사의 재앙이 발생한다.

■ **課象分析**

1. 주인격은 구관과 이름(성공)을 구하는 격이다. 財는 구할 수 없다. 하지만 여기에서는 주인(鑄印)이 깨진다. 이를 "주인파모(鑄印破模)"라 한다. 그 이유는 巳火가 락공망이 되기 때문이다. 그런데 일간이 巳日로 메워져 있다. 그러나 애석하게도 월건 亥와 相冲을 한다. 그러므로 관운이 크게 불순하고 문필(文筆)에 좋지 않고, 관직의 승진에도 좋지 않은 영향을 끼친다.

2. 사과·삼전에 財爻가 보이지 않는다. 또한 묘신이 일지에 임해 덮고 있다. 삼·사과에 흉장이 승하고 있어 가택운이 좋지 않고 끊어진다.

3. 戌土는 子孫爻이다. 卯와 육합을 하고 천공이 승했으나 왕상하다. 자손의 공부(성적)를 알 수 있다. 대학입시의 합격여부에 대하여 알 수 있다.(어려움) 그 원인은 巳·戌·卯 주인격이 파격이 되어 있기 때문이다. 그러므로 수험시 중요한 시험과목은 수정해야 한다. 천공이 왕상하여 문장은 유력하다.

4. 巳火는 破가 되어 허수아비 같은 친구들만이 모이는 음식점, 연회 쪽으로 따른다.

5. 등사는 혈광이다. 다시 戌은 일간의 묘신이다. 83年 甲戌年에는 아이(아들)의 혈광의 해를 방비해야 한다. 또 본인은 거리낌이 없다. 卯木이 상생하기 때문이다.

6. 천공은 신위이다. 卯木은 연장자이고 등사 역시 귀신이다. 이는 집에 신위(神位)적 문제가 있다.

第 63 法 피차전상방양손(彼此全傷防兩損)

解說 **간상은 일간을 극, 지상은 일지를 극할 때.**

송사정단이면 반드시 쌍방처벌, 모든 정단이 양쪽에 탄식이 있다. 일신상 정단이면 상함을 당하고, 가택정단이면 가택이 무너진다.

豫題63 **집 전매의吉凶?**

甲戌年 己巳月 戊申日 戌時 申將(空-寅卯) (命-己亥 年-酉) 借客書占

癸	辛	己
貴 丑	陰 亥	常 酉
卯	丑	亥

○	癸	丙	甲
朱 卯	貴 丑	靑 午	合 辰
戊 巳	卯 ○	申	午

○ 朱 卯 巳	甲 合 辰 午	乙 勾 巳 未	丙 靑 午 申
○ 匕 寅 辰	戊申日 3局		丁 空 未 酉
癸 貴 丑 卯○			戊 白 (申) 戌
壬 后 子 寅○	辛 陰 亥 丑	庚 玄 戌 子	己 常 酉 亥

- **課體** : 元首課 · 退間傳格(極陰格) · 勵德格

- **占斷** : 표면적으로 이윤이 될 것 같으나 실제하지 않고, 가격을 하락해야 하며 남편의 의견을 막아야 한다. 성사되기 어렵다.

■ 課象分析

1. 일지상신 午는 청룡이 승하여 일간 戊土를 생조한다. 청룡은 財爻의 유신이다. 처음에는 마치 이윤을 남기고 팔릴듯하나,(五月 午火가 간상 卯木으로부터 생을 받아 일간을 생하기 때문이다.)

2. 간상 卯는 일간 戊土를 극한다. 그리고 일지상신 午는 일지 申을 극하여 서로 상하게 한다. 간지를 모두 상하게 한다. 『畢法賦』 63法에서 「피차전상방양손(彼此全傷防兩損)」이 된다. 그 원인은 午 청룡은 일지(宅) 申을 극하고 있어 집안에 재무압력이 심하다. 따라서(있는 그대로의) 상황이 불리하다.

3. 발용 丑은 귀인이지만 락공이 된다. 그리고 과전은 극음격이다. 따라서 심경이 밝지(좋지) 않다.

4. 일간상신 卯는 관귀爻로 주작이 승하여 일간을 극한다. 남편의 의견이 반드시 많이 적용된다. 일간에 압력을 주고 있다. 다행히 卯木은 공망을 봉하고 있다. 다만 순공이 지난 후 卯木의 공이 메워지면 느슨한 것이 어려워 진다.

5. 점인의 본명 亥 상신 酉는 卯와 冲을 한다. 또 한해 동안 酉의 상신 未는 卯와 반합국을 형성하여 교전(어려움)을 면할 길이 없다.

第 64 法 부부무음각유사(夫婦蕪淫各有私)

解說 **干上은 日支를 극하고, 支上은 日干을 극할 때, 즉 교차극일 때이다.**

정단에서 가정은 바르지 못하고 음란한 일이 있다.

1. 진해리격(眞解離卦) : 일간은 支上神을 극하고, 일지는 干上神을 극할 때, 부부의 행년상신이 이럴 때 더욱 분명하다. 이별, 이심(異心)이 있다. 교차극이 되며 남녀 행년이 상충(相冲)할 때도 해당된다.

豫題64 **채무처리의 도움을 받을 수 있는가 吉凶?**

乙亥年 辛巳月 甲辰日 子時 酉將(空-寅卯) (命-甲辰 年-酉) 夜占

戊	乙	○
白 申	勾 巳	ヒ 寅
亥	申	巳

辛	戊	癸	庚
陰 亥	白 申	貴 丑	玄 戌
甲 寅	亥	辰	丑

○ ヒ 寅 巳	○ 朱 卯 午	甲 合 辰 未	乙 勾 巳 申
癸 貴 丑 辰	甲辰日 4局		丙 青 午 酉
壬 后 子 卯○			丁 空 未 戌
辛 陰 亥 寅○	庚 玄 戌 丑	己 常 酉 子	戊 白 申 亥

■ **課體** : 遙剋課 · 斬關格 · 病胎格

■ **占斷** : 사정(일의 진행)은 좋아 보이나, 계획이 완전하지 못하여 실책으로 상대방의 강한힘으로 인하여 어두운 길을 걷는 격으로 서로 다른 사심을 가지고 있어 호두사미격(虎頭蛇尾格)으로 결과가 없다.

■ **課象分析**

1. 일간상신 亥는 일간의 장생이며 태세이다. 일은 유리하게 보인다. 그러나, 그 음신 申은 흉신인 귀살에 백호가 승하여 재앙과 화가 숨어 있다.

2. 발용은 제2과로 효시(嚆矢)과 이다. 申金 효시에 살촉이 있다. 반드시 쏘아서 사람을 상하게 한다. 모든 일은 자신으로부터 일어난다. 따라서 상하고 해함을 면하기 어렵다.

3. 제3과는 타인이고, 그 상신 丑은 財星으로 귀인이 승했다. 상대방의 실력이 막강함을 알 수 있다. 또 그 음신 戌은 현무가 승했다. 동기가 불순하다. 또 현무는 도적의 신이다. 암흑길의 유신이기도 하다. 따라서 상대방은 좋은 사람이 되지 못한다.

4. 일간은 일지상신을 극하고, 일지는 일간상신을 극하고 있다. 해리괘 이다. 『畢法賦』 63法에서 「부부무음각유사(夫婦蕪淫各有私)」로, 서로 쌍방이 각자 사정(私情)을 가지고 있다.

5. 일간상신 亥는 申 백호를 절취하여 일간을 생한다. 송화(訟禍)가 점점 다가 온다. 그리고 과상은 三刑이 나타난다. 또 현태(玄胎)로 四生의 戀胎가 된다. 현재일의 어려움이 우려가 된다.

6. 초전은 백호, 말전은 등사로, "호두사미(虎頭蛇尾)"라 한다. 마지막에 일의 결과가 없다.

7. 본명 辰의 상신 丑 귀인이 되고, 행년 酉의 상신 午는 청룡이 승하여 일간을 탈기한다. 따라서 일득일실(一得一失)이 된다.

第 65 法 간묘병관인택폐(干墓倂關人宅廢)

解說 **일간의 묘신이 관신(關神)을 만들어서 발용할 때, 人宅에 禍가 발생, 발용이면 사람은 쇠패, 가운은 닫힌다.**

1. 묘신복일작생기격(墓神覆日作生氣格) : 묘신이 생기로 일간에 임할때, 이는 창고 짓는 일과 파견을 득한다.

豫題65 주차장 사업의 전도는?

甲戌年 癸酉月 乙巳日 辰時 巳將(空-寅卯) (命-壬辰 年-寅) 借客夜占

丁	戊	乙
未 白	申 常	酉 玄
午	未	申

乙	丙	丙	丁
巳 青	午 空	午 空	未 白
乙辰	巳	巳	午

丙 午 空 巳	丁 未 白 午	戊 申 常 未	己 酉 玄 申
乙 (巳) 青 辰	乙巳日 12局		庚 戌 陰 酉
甲 辰 勾 卯 ○			辛 亥 后 戌
○ 卯 合 寅 ○	○ 寅 朱 丑	癸 丑 匕 子	壬 子 貴 亥

- **課體** : 遙剋課(彈射格) · 進連珠格(迴陰格)

- **占斷** : 준비의 미숙, 비현실적 사업이다. 반드시 혼신의 노력을 기해야 하나, 진퇴양난을 초래하여 더 이상 진행이 어렵다.

■ 課象分析

1. 일간상신 巳는 월장으로 청룡이 승하나 일간을 탈기한다. 밝은 듯 보이나(光明), 모름지기 손모가 있다. 또 그 음신 午는 천공이 승하여 일간을 탈한다. 乙木은 가을에 死氣이다. 도설(盜泄)에 무력하다. 반드시 마음을 다하여야 한다. 巳가 일지에서 干上에 임할 때, 구수(求受)라 한다.

2. 지진 巳는 他人, 즉 객체를 말하고 표적물을 가리킨다. 그리고, 그 상신 午는 천공이 승하여 일간을 설기한다. 따라서, 그 표적물은 허황되고 실의가 없다. 또한, 그 음신 未는 백호가 승하여 일간의 묘신이 된다. 일간에 매우 불리하다.

3. 과상은 불비로 나타난다. 개념이 정립되지 못하고 불완전하다.

4. 발용 未는 일간의 財爻이며 일간의 묘신이다. 또 가을 정단에서 관신이 된다. 즉 "관신작묘(關神作墓)"가 된다. 이는 제4과에서 발용이 되어 목적하는 바가 혼미하다. 『畢法賦』 65法의 「간묘병관인택폐(干墓倂關人宅廢)」가 된다. 墓를 만든 화계(華蓋),관신(關神)이 되면 혼미할 수 밖에 없다.

5. 삼전은 未·申·酉로 진여격이다. 전진이 가능할 것 같이 보인다. 그러나 초전 未는 백호가 승하고, 중·말전 申·酉는 귀살로 일간을 극한다. 즉 "전봉귀적(前逢鬼賊)"이 되어 핍박이 된다. 따라서 난진난퇴(難進難退) (나아가기도 물러 서기도 어렵다.) 겨우 지키는 것은 간상 巳는 구제의 신이 되어 힘든 탈모를 지켜주나 이 역시 하찮다.

6. 본명 辰의 상신 巳는 도설(盜泄)이다. 행년 寅의 상신 卯는 일간의 록신으로 좋다. 그러나 본 과전이 흉하다. 年·命이 어렵게 묶어 간다.

第 66 法 지분재병여정계(支墳財倂旅程稽)

解說 **日支의 墓神이 日干의 財星이 될 때.**

사업은 원금의 손실을 가져오고, 여행은 중도에 장애가 발생한다.

1. 의혹격(疑惑格) : 卯·酉日 행년이 卯酉에 임할 때, 여행객은 여행의 장애를 만난다.

豫題66 **사업장의 매출은?**

壬申年 戊申月 乙酉日 申時 巳將(空-午未) (命-己亥 年-亥) 晝占

己	丙	○
青 丑	朱 戌	后 未
辰	丑	戌

己	丙	○	辛
青 丑	朱 戌	陰 午	白 卯
乙 辰	丑	酉	午 ○

空 庚 寅 巳	白 辛 卯 午○	常 壬 辰 未○	玄 癸 巳 申
青 己 丑 辰	乙酉日 4局		陰 ○ 午 酉
勾 戊 子 卯			后 ○ 未 戌
合 丁 亥 寅	朱 丙 戌 丑	ヒ 乙 酉 子	貴 甲 申 亥

- **課體** : 重審課 · 稼穡格 · 斬關格 · 病胎格
- **占斷** : 모든것이 공허하고 환상적이다.不能期望 앞날을 기대하기 어렵다.

■ 課象分析

1. 일간상신 丑은 청룡이 승한 財星이다. 청룡은 財의 유신이다. 현재 일간 상신에 보인다. 이익이 있어 보인다. 그 음신 戌은 財星이면서 주작이 승했다. 그런데 乙木은 신약하여 어렵게 임한다. 반드시 재무압력이 있다.

2. 지진은 家宅이다. 지진 酉는 일간을 극한다. 집(사업장)에서의 답답하고 괴로움을 면하기 어렵다. 그러나 다행히 그 음신 卯는 일간의 록신이 된다.

3. 일지상신 午는 공망에 일간을 탈도 한다. 이를 脫上空 이라 한다. 일지는 他人이다. 집의 모든 사람들이 손해를 보고 있는 상황이다. 상대방이 빼앗을 마음이 있고 반드시 크게 가격을 깎을 것이다.

4. 발용 丑은 청룡에 財星이다. 일지 酉의 묘신이기도 하다. 『畢法賦』 66法에서 「지묘재병여정계(支墓財併旅程稽)」이다. 경상에서의 본전을 까먹는 상이다.

5. 삼전이 丑·戌·未 삼형으로 구성되어, 모두 일간의 財星이다. 乙木은 가을계절에 死氣로 힘이 없다. 따라서 구재는 불가능하고 "俗"에서 말하기를 "재다신약(財多身弱)"이라 한다. 재물 획득에 불리하다. 또한 재무 압력이 있다.

6. 본명, 행년 모두 亥의 상신인 申이 되나, 이것도 일간을 극하고 있다.

第 67 法 수호극신위병증(受虎剋身爲病症)

解說 **백호로부터 수극을 받는 오행이 장부에 질병이 발생된다.**

1. 운량신격(運糧神格) : 질병치료에서 오로지 일간의 식신을 본다. 子孫爻가 있으면 구신(救神)이 되어 치료가 된다.

2. 록량신격(祿糧神格) : 日干의 록신을 살펴본다. 질병정단에서 祿神이 보이면 소생하나(단, 空亡, 閉口, 受剋), 되지 않고 絶地에 앉지 말아야 한다.

3. 생사격(生死格) : 生氣, 死氣를 본다.

4. 호묘격(虎墓格) : 백호가 일간의 墓에 승하면 적괴(암)병 이다.

5. 호승정귀격(虎乘丁鬼格) : 백호가 정신이 되고 귀살에 이를 때. 죽음을 재촉한다(질병자 급사한다.)

6. 착륜격(斲輪格) : 卯加申 , 申加卯가 될 때, 이는 수족에 관한 질병이다.

7. 공록격(空祿格) : 일간의 록신이 공망이 되고, 다시 극하는 방위에 앉을 때, 질병정단은 절식하여 아사(굶어 죽음)한다.

8. 록신폐구격(祿神閉口格) : 일록에 폐구가 되고 백호가 승할 때, 이것도 아사한다.

9. 육편판격(六片板格) : 육합이 死氣인 申에 승하여 卯에 가할 때 사망한다(단, 生氣일 경우 不死亡)

10. 백호입상차격(白虎入喪車格) : 백호(申)가 상차(巳)에 임할 때.질병필사한다.

11. 인입귀문격(人入鬼門格) : 본명 申이 寅에 임할 때, 질병은 필사.

12. 수혼신(收魂神) : 묘신에 현무가 승하여 사기를 맞으면 사망한다.

13. 욕분살(浴盆殺) : 천반 욕분에 현무, 천후가 승할 때, 지반 욕분에 亥·子가 승할 때, 소아질병은 사망한다. (욕분살 : 春-辰, 夏-未, 秋-戌, 冬-丑)

14. 한열격(寒熱格) : 물과 불이 극하여 한, 열이 교차하는 것.

15. 연희치병격(宴喜致病格) : 未에 태상이 승하여 일간을 극하는 것.

16. 인처치병격(因妻致病格) : 壬癸日 丁馬이고 천반에 귀살이 임할 때.

17. 혈염병호작귀격(血厭病虎作鬼格) : 백호가 병부에 승하여 일간을극하는 것. 건강이 몹시 우려된다.

豫題67 石先生의 한해 吉凶?

甲戌年 甲戌月 己卯日 酉時 巳將(空-申酉) (命-庚寅 年-戌) 夜占

癸	己	乙
未 后	卯 白	亥 合
亥	未	卯

己	乙	乙	癸
卯 白	亥 合	亥 合	未 后
己 未	卯	卯	亥

丁 丑 青 巳	戊 寅 空 午	己 卯 白 未	庚 辰 常 申
丙 子 勾 辰	己卯日 5局		辛 (巳) 玄 酉
乙 亥 合 卯			壬 午 陰 戌
甲 戌 朱 寅	○ 酉 匕 丑	○ 申 貴 子	癸 未 后 亥

■ **課體** : 涉害課 · 曲直格

■ **占斷** : 금년에는 구재가 이롭다. 구재 후 소인과의 얽힌 송사의 재앙을 조심. 비위(脾胃)로 인해 편안하지 않고,그 원인은 간담질병이 온다. 색욕,간사를 방비 해야하고 금년에는 귀찮고 번거로운 일이 순환하여 반복된다.

■ **課象分析**

1. 일간상신 卯는귀살과 백호가 승했다. 이를 虎鬼格이라 한다.『畢法補談』에서 질병정단을 분류하여 논하면 때때로「질병지원심호귀(疾病之源尋虎鬼)」질병의 근원을 찾는 백호와 귀살은,『畢法賦』67法에서「수호극신위병증(受虎剋身爲病證)」이라 하였다. 따라서 정단하면 간담으로 인해 생긴 비위의 질병이다.

2. 일지는 家宅이고, 그 상신 亥水는 일간의 財로 육합이 승하고, 합작으로 인한 경영으로 인한 상업의 財이다. 지금 안으로(宅) 財가 든다. 또 亥는 내년의 태세로 財利가 좋다.

3. 삼전이 未·卯·亥 木의 귀국이다. 귀적(鬼賊)이 분분하다. 소송, 소인, 압력, 병재 등이 모두 온다. 또 삼전 4과에서 발용되어 간·전支가 순환되지 않는다. 따라서 번거로운 일이 반복된다.

4. 夜占에서 초전 천후가 승하고, 말전에는 육합이 승하여 일녀격(泆女格)이 된다. 두려움이 있고 색욕 간사의 일이다. 또 몸을 망친다.

5. 일지 卯는 간상으로 와서 일간을 극한다. 이를 상문난수(上門亂首)라 한다. 또 지상신 亥는 財爻는 귀살을 도와 일간을 극한다. 존비가 뒤바뀌여 기망하는 사건이 발생한다.

6. 본명 寅의 상신 戌은 주작이 승하고 있어 구설시비를 면하기 어렵고, 행년 戌 상신 午는 일간의 祿으로 未·卯·亥의 귀살화 되고 있어 년·명이 변이되고 줄어들고 느려져 흉에 빠져드는 상이다.

第 68 法 제귀지의내양의(制鬼之位乃良醫)

解說 **백호 귀살을 制하는 오행이 있는 것으로, 그 극신(剋神)이 훌륭한 의사가 있는 방향이다.**

1. 천의작호귀격(天醫作虎鬼格) : 天醫가 虎鬼에 해당하면 무능한 의사이다.
   (天醫 寅月부터 - 辰·巳·午·未·申·酉·戌·亥·子·丑·寅·卯)
   (地醫 寅月부터 - 戌·亥·子·丑·寅·卯·辰·巳·午·未·申·酉)

2. 병체난담하격(病體難擔荷格) : 삼전이 모두 財神으로 鬼殺을 돕고 있을 때 必死.

豫題68 **吳先生의 신체 吉凶?**

乙亥年 壬午月 壬辰日 巳時 未將(空-午未) (命-丙戌 年-卯) 夜占

甲	丙	戊
申 合	戌 青	子 白
午	申	戌

己	辛	○	甲
丑 常	卯 陰	午 ヒ	申 合
壬 亥	丑	辰	午 ○

○ (未) 朱 巳	甲 申 合 午 ○	乙 酉 勾 未 ○	丙 戌 青 申
○ 午 ヒ 辰	壬辰日 11局		丁 亥 空 酉
癸 巳 貴 卯			戊 子 白 戌
壬 辰 后 寅	辛 卯 陰 丑	庚 寅 玄 子	己 丑 常 亥

■ **課體** : 重審課 · 進間傳格(鑄刃格) · 斬關格 · 六儀格

■ **占斷** : 신체에 이미 병의 재앙이 있다. 83년 9월에 발병, 혈압순환 주의, 소장도 좋지 않다. 밤에 악몽으로 인해 놀라고 귀찮고 불순하다.동북방향 木성의 여의사가 치료의이다. 또 집의 방향을 바꾸어 이롭게 해야 한다.

■ 課象分析

1. 일간상신 丑은 귀살이 되어 일간을 극한다. 병 점에서 본인의 신체에 이미 질병이 있다. 또 중전 戌은 병부이다(지난 태세이기에). 그러므로 83년 9월에 질병의 재앙을 얻었다.

2. 일지상신 午는 등사가 승했다. 질병정단에서 일지상신은 병증으로 정단한다. 그러므로 병증은 혈압, 순환기 계통이다. 소장도 문제가 있다. 또한 천장이 등사이다. 밤에 반드시 악몽에 시달린다. 午月 점에서 午는 월염(月厭)살이 된다. 순리적이지 않다. 다행히 음신 申은 일간의 장생이 된다.

3. 발용 申은 육합이 승하고 일간의 장생이다. 또 丑 귀살의 음신 卯는 丑 귀살을 制한다. 그러므로 치료가 가능하다.

4. 구신인 卯는 丑에 임했다. 의신(醫神)인 卯는 동북방에 卯는 태음이 승했다. 구하는 의사는 木씨 성을 가진 여의사이다.

5. 본명 丙戌의 상신 子는 백호가 승하고, 역시 병재(病災)이다. 또 행년 卯 상신 巳는 귀인이 되어 귀은(貴恩)이 있다.

6. 삼전은 섭삼연격이다. 음의 어두움으로 家宅이 바르지 않다. 속담에 이르기를 양광부조의생래도(陽光不照 醫生來到)라 하였다.

第 69 法 호승둔귀앙비천(虎乘遁鬼殃非淺)

解說 **백호가 둔귀에 승할 때, 재앙이 심하다.**

공망이 되더라도 여전히 구할 수 없다. 구병은 공망이 되면 어렵다.

1. 명암이귀격(明暗二鬼格) : 천반과 둔간에 모두 귀살이 될 때, 그 화는 극렬하다.

豫題69 **기업의 미래는?**

乙亥年 戊寅月 丁丑日 丑時 子將(空-申酉) (命-丙申 年-巳) 借客書占

丙	乙	甲
子 ヒ	亥 貴	戌 后
丑	子	亥

壬	辛	丙	乙
午 白	巳 空	子 ヒ	亥 貴
丁 未	午	丑	子

庚辰巳 青	辛巳午 空	壬午未 白	癸未申 常
己卯辰 勾	丁丑日 2局		○申酉 玄
戊寅卯 合			○酉戌 陰
丁丑寅 朱	丙子丑 ヒ	乙亥子 貴	甲戌亥 后

- **課體** : 重審課 · 退連珠格(重陰格) · 生胎格
- **占斷** : 회사내 우환이 중중하다. 내·외부 지원을 받기 어렵다. 5월부터 공포를 버틸 수 있나 최고로 어려운 시기는 10월에 반드시 일이 발생한다.마음의 준비가 있어야 하고 소송의 화는 면하기 어렵다

■ 課象分析

1. 일간상신 午는 日의 祿이다.식록으로 보이나, 일간상신 午는 백호가 승하고, 둔간 壬은 둔귀가 임했다. 따라서 祿을 지킬 수 없다. 『畢法賦』69法의 「호승둔귀앙비천(虎乘遁鬼殃非淺也)」이다. 또 午의 음신 巳는 천공이 승하였다. 이 역시 록에 대한 허상이 된다.

2. 일지상신 子는 귀살로 등사가 승하여 일간을 극하고 있다. 이를 "사귀격(蛇鬼格)"이라 한다. 또 발용하였다. 일은 내부에서 발생한다. 회사는 반드시 내부의 걱정이 많다. 일간상신 午와 일지상신 子와 갖추어 六冲이 되어, 인간관계에 심히 부딪히고 있는 상이다.

3. 일지상신 子귀와 그 음신 역시 亥로 귀살이다. 비록 귀인이 승했지만 귀인의 조력을 받기 힘들다. 3, 4과 모두 귀살이 되어 일간을 극하고 있다. 재화(災禍)가 집안으로 들어온다. 『畢法賦』70法에서 「귀임삼사송재수(鬼臨三四訟災隨)」라 했다.

4. 일간상신 午 록신은 이미 지키기 어렵다. 삼전은 끝난 일로 즉 외부에서 일을 찾아야 한다. 또 삼전은 子·亥·戌이 되어, 초전 子는 일간의 귀살이면서 등사가 승했다. 중전은 귀절이 되고 말전은 묘의 길로 돌아온다. 또 퇴연주격이다. 앞으로 나가기 어려운 상황이된다.

5. 5월에는 공포스럽고 어려운 일이 버티고 있다. 그 원인은 午가 둔귀가 되고, 백호가 승하기 때문이다. 그리고 금년 태세가 乙亥로써 일간 丁의 絶鬼가 된다. 중전 또한 亥 귀살이 되어, 10월이 지나도 화가 끝나지 않는다.

6. 본명 申의 상신 未와 행년 巳의 상신 辰 모두 구신(救神)이 된다. 마치 과전의 흉이 한숨 돌리는 것 같으나, 본 과식이 흉에 이르러 귀적다중(鬼賊多重)하여, 불이화해(不易化解), 즉 해결이 쉽지 않다.

第 70 法 귀임삼사송재수(鬼臨三四訟災隨)

解說 **鬼殺이 3, 4과에 임할 때, 관재, 병재가 연속 됨.**

1. 세파작귀임지격(歲破作鬼臨支格) : 세파가 귀살이 되어 일지에 임할 때, 이 역시 소송, 관재가 있다.

2. 천귀작일귀격(天鬼作日鬼格) : 천귀가 일간의 귀살이 될 때, 이는 돌림병이다.

3. 주귀상회격(朱勾相會格) : 주작이 구진에 임할 때, 즉 午加辰, 이는 반드시 관재가 발생한다.

豫題70 **소년 가출의 吉凶? (돌아오는 시간,위험의 유무)**

丙寅年 辛丑月 癸未日 卯時 子將(空-申酉) 夜占

甲	癸	庚
戌 白	未 陰	辰 ヒ
丑	戌	未

甲	癸	庚	丁
戌 白	未 陰	辰 ヒ	丑 勾
癸 丑	戌	未	辰

戊 寅 合 巳	己 卯 朱 午	庚 辰 ヒ 未	辛 巳 貴 申
丁 丑 勾 辰	癸未日 4局		壬 午 后 酉
丙 ㉾ 青 卯			癸 未 陰 戌
乙 亥 空 寅	甲 戌 白 丑	○ 酉 常 子	○ 申 玄 亥

■ **課體** : 元首課 · 稼檣格 · 六儀格 · 遊子格 · 廻還格

■ **占斷** : 오늘 戌時 반드시 돌아온다. 이는 4과전이 모두 귀살이다. 또한 戌에 백호가 승하여 귀가후 반드시 질액이 있다.

■ 課象分析

1. 과상은 유자격으로 4과 3전이 같이있다. (모두未土) 원행(遠行)이다. 백호는 도로의 신이다. 또 음신 未는 일지와 마찬가지로 태음이 승해있다. 이것은 한 여자를 짝사랑하는 상이다. 왜 짝사랑인가? 이는 丑未沖, 戌未刑을 이루어 沖刑이 같이 보인다. 여자가 남자에게 응하지 않는 것이다. 그러므로 짝사랑이 된다.

2. 삼전은 戌·未·辰으로 干上傳支上이 된다. 다시 삼전과 4과가 같이 있다. 오늘 戌時 반드시 돌아온다. 이는 4과전이 모두 귀살이다. 또한 戌에 백호가 승하여 귀가후 반드시 질액이 있다. 그 원인은『畢法賦』70法의「귀임삼사송재수(鬼臨三四訟災隨)」가 되고, 未加戌은 폐구가 되기 때문이다. 이는 말하기가 어려운 우울증의 결과이다.

第 71 法 병부극택전가환(病府剋宅全家患)

解說 **病府가 家宅에 임하여 日支를 극할 때, 가족이 질병 발생한다.**

천귀가 임하면 돌림병이 되고, 백호가 병부와 만나서 支辰을 극하면, 더욱 흉하다. 사기가 봉해지면 必死이고, 섭해가 되면 만성질병이다.

1. 의성합구제사격(宜成合舊諸事格) : 병부가 가택에 임하여 日干이나 日支를 생하거나, 日財이거나 귀인이 승하면 구사(묵은 일)는 해결된다.

豫題71 **서선생의 질병, 吉凶?**

乙亥年 丁亥月 庚戌日 亥時 卯將(空-寅卯) (命-己亥 年-申) 夜占

甲	戊	壬
辰 玄	申 ヒ	子 靑
子	辰	申

壬	甲	○	丙
子 靑	辰 玄	寅 白	午 后
庚 申	子	戊	寅 ○

己 酉 朱 巳	庚 戌 合 午	辛 亥 勾 未	壬 子 靑 申
戊 申 ヒ 辰	庚戌日 9局		癸 丑 空 酉
丁 未 貴 卯 ○			○ 寅 白 戌
丙 午 后 寅 ○	乙 巳 陰 丑	甲 辰 玄 子	○ 卯 常 亥

■ **課體** : 涉害課 · 潤下格 · 六儀格 · 生胎格 · 斬關格

■ **占斷** : 신체상황이 극히 안 좋다. 병세가 이미 중하고 비뇨기 계통과 부인병이고 더불어 간의 상태도 좋지 않다. 남편이 부인을 극하여 생긴 질병과 유관. 85년(丙子)에 병증이 아주 심하다.

■ 課象分析

1. 일간상신 子는 청룡이 승하여 일간을 탈도하고 있다. 이를 탈상도(脫上盜) 라 한다. 그러나 다행히, 그 음신 辰은 日干을 生助하나 현무가 승했다. 또 음신 辰은 상백(喪魄)으로 생함을 경계한다.

2. 일지상신 寅은 백호가 승하여 支인 宅戌을 극한다. 비록 병부가 가택을 극하지는 않지만 가정을 쉽게 범하여 병이 있다. 그 원인은 백호로 집안의 대들보가 쇠퇴하는 상으로, 寅은 亥月의 死神이다. 또한 일간의 절신(絶神)이지만, 다행히 寅은 순공이 되어 해가 약하다.

3. 발용인 辰은 상백살이다. 삼전은 水局을 만들어 일간을 탈설하고 있다. 그리고 겨울 점의 水는 강왕하다. 따라서 설기가 과하고 심하다. 중전은 申은 亥月의 비백(飛魄)살이 되어, 혼·백(魂·魄) 모두 탈하여 흉상이 심한 것이 분명하다.

4. 1, 2과 合이 되고 水局 3, 4과 合이 되어 火局으로 水火교전을 형성하여 몸과 마음이 편안하지 못하다.

5. 일지상신은 병증으로 寅에 백호가 승하여 간의 병이고, 일간상신을 그 병의 원인으로 子는 청룡이 승하여 도탈하여 청룡은 장부(남편)의 유신으로 은영중 처를 극함을 내포하고 있다. 따라서 부인의 몸과 마음을 모두 피곤하게 하고 있다. 또 삼전인 辰·申·子는 水局으로 子孫爻이고, 水는 비뇨기 계통의 부인과 질병으로 자궁의 병변으로 본다.

6. 본명 亥의 상신 卯는 월신살 사기이고, 행년 申의 상신 子는 청룡으로 탈기하고 있다.

7. 85년은 丙子水로 申子辰 水局이 설기가 가중된다. 또한 병증이 더욱 중하게 된다.

第 72 法 상조전봉괘호의(喪弔傳逢卦縞衣)

解說 **干支에 상문(喪門)과 조객(弔客)을 만날 때, 또한 년명에 임하면 반드시 상복(喪服)을 입는다.**

1. 내외효복격(內外孝服格) : 死氣인 鬼殺에 태상이 승할 때, 외가, 부친상의 효복이 온다.

2. 효백개처두격(孝白蓋妻頭格) : 처의 년·명 상에 화계에 태상이 승한 일간의 귀살이 되어 사기나 조객이 될 때, 남편의 사망.

3. 묘문개격(墓門開格) : 세묘(歲墓) 겸 일묘(日墓)가 卯酉에 임한 곳에 등사가 승하고 월염살(月厭殺)이 봉해지면 거듭 상을 당한다.

豫題72 **남편 질병의 吉凶?『六壬粹言』(질병점례)**

庚辰年 丑月 辛亥日 寅時 子將(空-寅卯) (命-○ 年-寅) 夜占

丙	甲	○
午 貴	辰 朱	寅 勾
申	午	辰

戊	丙	己	丁
申 陰	午 貴	酉 玄	未 后
辛 戌	申	亥	酉

○ 卯 合 巳	甲 辰 朱 午	乙 巳 ヒ 未	丙 午 貴 申
○ 寅 勾 辰	辛亥日 3局		丁 未 后 酉
癸 丑 青 卯 ○			戊 申 陰 戌
壬 子 空 寅 ○	辛 亥 白 丑	庚 戌 常 子	己 酉 玄 亥

■ **課體** : 元首課 · 退間傳格(顧祖格) · 斬關格

■ **占斷** : 과전이 이미 크게 흉하다. 명년(내년) 사망.

■ 課象分析

1. 과전이 고조격으로 상문, 조객을 모두 봉했다. 또 말전 寅은 초전 귀살 午를 도와 일간을 극하고 있다. 극히 흉한 상이다(삼전이 午·辰·寅의 고조격으로, 고향으로 되돌아온다는 의의가 있다). 그리고 辰年에 午는 상문으로 일간을 극하고 寅은 조객이 된다. 삼전에 모두 있어 상조전봉(喪弔全逢)이 된다. 병점에서는 극히 흉하다. 또한 말전 寅은 초전 午를 생조하여 귀살로 일간을 극하고 있어 흉이 증가하고 있다. 『畢法賦』 72法에서 「상조전봉괘호의(喪弔全逢卦縞衣)」라 한다.

2. 하물며 부인의 관귀효는 남편으로 午는 상차(喪車)살이 되고, 巳에는 역마가 임하고 또 사기로 묶여있다. 辛金의 관귀는 午·巳이고, 午는 12月의 상차(喪車)가 되고, 巳는 12月의 사기가 되고 효복(孝服)살이 된다.

3. 巳는 내년의 태세이다. 이는 내년에 사망한다. 卯日이 열리면서 사망. 그 이유는 내년 행년이 子가 되며 子卯刑이 되어서이다.

第 73 法 전후핍박난진퇴(前後逼迫難進退)

解說 **삼전이 모두 공망이 될 때 進退 모두 어렵다. 움직이면 불리하다.**

1. 전상좌극격(全傷坐剋格) : 일간과 일지가 각각의 양신으로부터 극을 받고, 다시 앉은 곳으로부터 극을 받을 때이다. 人宅은 모두 흩어지고 가산도 사라진다.

2. 고조격병회환격(顧祖格並迴還格) : 고조격과 회환격이 같이 있을 때, 매사 구재와 모망은 모두 길하다. 庚日의 질병정단은 흉하다. 관직은 길하다.

豫題73 **회사 휴·폐업의 吉凶?**

丙子年 庚寅月 癸巳日 子時 亥將(空-午未) (命-癸巳 年-酉) 借客晝占

辛	庚	己
朱 卯	合 寅	勾 丑
辰	卯	寅

戊	丁	壬	辛
靑 子	空 亥	ヒ 辰	朱 卯
癸 丑	子	巳	辰

ヒ 壬 辰 巳	貴 癸 巳 午○	后 ○ 午 未○	陰 ○ 未 申
朱 辛 卯 辰	癸巳日 2局		玄 甲 申 酉
合 庚 寅 卯			常 乙 酉 戌
勾 己 丑 寅	靑 戊 子 丑	空 丁 亥 子	白 丙 戌 亥

■ **課體** : 元首課 · 退連珠格(聯芳格) · 斬關格

■ **占斷** : 광풍이 온다. 진퇴양난의 곤경에 빠진다. 잠시 휴업하여 지킴이 가하다.또 집이 안정되지 못하고관송이 빈번하고 모든 것이 헛되다.

■ 課象分析

1. 일간상신 子는 청룡이 승하고 일간의 록신이다. 반드시 바람과 빛(風光)이 모인다. 그 음신 亥는 천공이 승하여 풍광이 넘치고 과하다.

2. 일지상신 辰은 일간의 귀살로 묘신이 된다. 기운이 반드시 암담함을 나타낸다. 또 그 음신 卯는 주작이 승하여 사람의 의견이 분분하다.

3. 간지는 교차로 극벌하고 있다. 이를 해리괘(解離卦)라 하고, 경영의 어려움을 겪는다.

4. 삼전은 卯·寅·丑의 퇴연주격으로 初·中 卯와 寅은 일간을 탈도하고 말전 丑은 귀살이다. 따라서 전진은 불가능하다. 만약 욕심을 부려 일간의 祿을 취하면 암장이 공허하고 교차극벌이 이루어져 祿을 지킬 수 없다. 이를 "전핍후박(前逼後迫)"이라 한다. 『畢法賦』 72法의 「전후핍박난진퇴(前後逼迫難進退)」가 되어 이미 진퇴양난의 곤경에 처한다.

5. 주작은 관송의 류신이다. 구진과 더불어 初·末에 모두 나타난다. 관송을 면키 어렵다.

6. 일간의 鬼墓가 宅에 임했다. 집안이 안정이 되지 않는다. 또 辰은 등사가 승하여 巳의 상신으로 앉아 있다. 이를 "양사협묘(兩蛇夾墓)"라 한다. 흉화를 면하기 어렵다. 따라서 『畢法補談』에서 「양사협묘린무의(兩蛇夾墓吝無疑)」라 하였다.

7. 본명 巳의 상신 辰은 귀묘살이 되어 등사가 승하고, 행년 酉의 상신 申은 현무가 승하였다. 이 역시 도절(盜竊)의 신이다. 年·命이 모두 심하게 잘못되어 있다.

第 74 法 공공여야사휴추(空空如也事休追)

解說 **삼전이 모두 공망일 때, 모든 일이 빈 뜻과 빈 말이 되어 전혀 실의가 없다.**

질병과 소송 등의 의혹사는 좋다. 희망사는 순이 바뀐 후가 좋고, 질병정단은 구병(舊病)은 사망이고, 신병(新病)은 안전하다. 삼합 중, 두 곳이 공망이 되고, 한 곳에 천공이 승하면 공망으로 같이 보아준다.

1. 사과전공격(四課全空格) : 사과가 모두 공망은 무형(無形)으로 일이 드러나지 못한다. 특히 요극과에서 초전이 공망이면 무력함이 더욱 크다.

豫題74 **경영의 吉凶?**

乙亥年 戊寅月 辛未日 卯時 子將(空-戌亥) (命-丙申 年-巳) 晝占

○	辛	辛
合 亥	白 未	白 未
寅	戌 ○	戌 ○

辛	戊	戊	乙
白 未	陰 辰	陰 辰	ヒ 丑
辛 戌	未	未	辰

丙 貴 寅 巳	丁 后 卯 午	戊 陰 辰 未	己 玄 巳 申
乙 ヒ 丑 辰	辛未日 4局		庚 常 午 酉
甲 朱 子 卯			辛 白 未 戌○
○ 合 亥 寅	○ 勾 戌 丑	癸 靑 酉 子	壬 空 申 亥○

■ **課體** : 別責課 · 斬關格 · 病胎格

별책과삼전조식(別責課三傳造式) : 陽日-日干 合의 기궁상신이 초전중말전은 모두 陰日-지진의 삼합 다음 支日上神 적용.

■ **占斷** : 상대방이 돌아올 뜻이 있어 보이나, 회사 내부의 반대로 일이 성사되지 못한다. 또 움직이면 취할 수 없다. 매사 타인에게 기대나 모두 空이다. 본인이 전력하는 것 만이 중요하다.

■ 課象分析

1. 일간상신 未는 백호가 승하여 일간을 생한다. 지진 未는 상대방을 말한다. 따라서 추정컨데, 상대방이 돌아올 의사가 있고 일지음신 丑은 등사가 승하여 4과에 있다(회사의 내부인원을 나타낸다). 丑은 일간상신 未와 冲을 하여 흩어짐을 나타낸다. 따라서 일은 성사되지 않는다.

2. 구점일은 辛未日이다. 戌亥가 공망이 되고 辛의 기궁은 戌이다. 즉 일간이 공망을 봉하고 있다. 본인도 자신의 일 만으로 힘에 벅차 타인을 돌볼 수 없음을 나타낸다.

3. 발용 亥는 순공이다. 또한 일간을 탈기한다. 이를 탈공격이라 한다. 이미 자신이 무력하여 음직여 찾을 수가 없다. 『畢法賦』 16法에서 「공상승공사막추(空上乘空事莫追)」라 하여, 탈공격과 유사한 뜻이 있다.

4. 전이 亥·未·未 모두 공망과 낙공을 봉하고 있다. 모든 일이 허상, 허망이다. 모망사를 이룰 수 없다. 『畢法賦』 74法의 「공공여야사휴추(空空如也事休追)」와 같다.

5. 과명이 별책과이다. 모든 일은 타인에게 의존하게 된다. 길흉이 타인에 의해 삼전이 모두 공망으로 기대할 수 없다.

6. 본명 申 상신 巳는 귀살이다. 행년 巳의 상신 寅으로 자신의 압력이 크다. 따라서 쉽게 바뀌거나 변하지 않는다.

第 75 法 빈주불투형재상(賓主不投刑在上)

解說 **干上과 支上에 모두 刑을 이룰 때, 도모하는 교섭사는 반드시 이심(異心)이 있다. (일자형,이자형,삼자형)**

1. 금강격(金剛格) : 삼전에 巳·酉·丑 종혁이 있고, 간지에 다시 酉가 있을 때
   출산점(出産占, 女兒): 발용이 무기이면

2. 화강격(火强格) : 삼전에 寅·午·戌 염상이 있고, 간지에 다시 午가 있을 때
   출산점(出産占, 男兒): 발용이 유기하면

3. 수류추동격(水流趨東格) : 삼전에 申·子·辰 윤하이고, 간지에 다시 辰이 있을 때

4. 목락귀근격(木落歸根格) : 삼전에 亥·卯·未 곡직이고, 간지에 다시 亥가 있을 때

5. 사승살격(四勝煞格) : 干上 酉, 支上 午, 또는 干上 午, 支上 酉가 될 때, 서로 경쟁한다.

6. 조형장대격(助刑戕德格) : 6처에서 일지의 자형을 만들고, 다시 일간의 귀살이 될 때

豫題75 **회사의 발전 여하?**

乙亥年 壬午月 戊寅日 申時 申將(空-申酉) (命-庚寅 年-亥) 書占

辛	○	戊
勾 巳	白 申	匕 寅
巳	申 ○	寅

辛	辛	戊	戊
勾 巳	勾 巳	匕 寅	匕 寅
戊 巳	巳	寅	寅

勾 辛 巳 巳	靑 壬 午 午	空 癸 未 未	白 ○ 申 申
合 庚 辰 辰	戊寅日 1局		常 ○ 酉 酉○
朱 己 卯 卯			玄 甲 戌 戌
匕 戊 寅 寅	貴 丁 丑 丑	后 丙 子 子	陰 乙 亥 亥

■ **課體** : 伏吟課(自任格) · 遞剋格

■ **占斷** : 기고만장하여 반드시 고소(告訴)의 운이다. 인화를 득함이 옳고 그 뜻을 펴기가 어렵다.엎드려 입닫고 정수하고 망동하지 말라.

■ 課象分析

1. 본 과식은 복음이다. 강일(양일) 무극에 삼전이 차례대로 형(刑)으로 이루어졌다. 이를 "자임격(自任格)"이라 한다. 스스로 강하다고 자부한다. 삼전이 巳·申·寅 체극하여 일간까지 이른다.반드시 고소장을 받는다. 『畢法賦』 32法의 「삼전호극중인기(三傳互剋衆人期)」가 되어, 마음을 닦고 천성을 함양해야 한다. 따라서 人和가 필요하다.

2. 복음과의 큰 뜻은 굴이불신(屈而不伸), 즉 엎드려 신음한다. 또 중전 申은 역마이면서 공망을 봉했다. 이를 단교(斷橋)라 하고, 일은 중도에 막힌다. 모든 일은 좌절된다.

3. 일간상신 巳, 일지상신 寅이고, 삼전은 다시 巳·申·寅 삼형이 된다. 따라서 회사에서의 피차 서로 친밀감은 없다. 『畢法賦』 75法의 「빈주불투형재상(賓主不投刑在上)」으로 발전하는데 한계가 있다.

4. 말전 寅은 일간을 극하지만 초전 旺祿 巳를 도와 일간을 생조한다. 이는 소위「성야소하, 패야소하(成也蕭何, 敗也蕭何)」, 이루어도 쓸쓸하고, 실패해도 쓸쓸한 격으로 회사를 팔기도 어려운 자금난에 봉착됐다. 압력이 빈번하다. 寅木은 일지상신에 임하여 등사가 승했다. 가택이 편안하지 않다. 또한 구점년도인 亥와 일간상신 일록인 巳는 세파이다. 비록 록지라도 지키기 어렵다.

5. 본명 寅의 상신 寅은 등사가 승하고, 행년 亥의 상신 亥는 태음이 승하여 일간의 록신인 일간상신 巳와 冲을 하고 있다. 따라서 년명이 좋지 못하다.

-刑의 종류 -

1. 一字刑 : 4과 상신에 辰·午·酉·亥를 모두 만나는 것. 각자 스스로 서로 刑을 하여 순탄치 못하며 어려움이 나타난다.

2. 二字刑 : 일지와 일간에 모두 子卯가 임할 때(무례지형)
子-卯 가정이 음란하고 죽거나 패망하여 존비가 불화목하다.
卯-子 밝음에서 어둠으로 돌고 도로가 불통하고 자식은 예의가 없다.

3. 三字刑 : 삼전이 寅·巳·申, 丑·戌·未 로써
寅·巳·申 무은의 뜻을 면치 못하니 모든 정단에서 반드시 은혜를 배반 원수가 되고
丑·戌·未 모든 정단에서 세력에 의지하여 약자를 업신여긴다.

第 76 法 피차시기해상수(彼此猜忌害相隨)

解說 **① 간지상하 육해-서로 시기, 불화**
② 간지천지반 교차육해-서로가 해
③ 간지상신 육해-서로 시기
④ 간지와 삼전이 육해-서로 더욱 상하게 육해

害는 傷害이고 서로 맞서 싸우는 것이다.

1. 인희아우격(人喜我憂格) : 일간은 상하 육해를 하고, 일지는 상하 육합일 때, 나는 괴롭고 타인은 즐겁다.(기궁+상신=害, 지진+상신=合)

豫題76 토지중개 성공 여부?

壬申年 甲辰月 己巳日 寅時 酉將(空-戌亥) (命-丙戌 年-戌) 借客夜占

癸	戊	○
酉 匕	辰 常	亥 合
寅	酉	辰

丙	癸	甲	辛
寅 空	酉 匕	子 勾	未 后
己 未	寅	巳	子

甲 子 勾 巳	乙 丑 青 午	丙 寅 空 未	丁 卯 白 申
○ 亥 合 辰	己巳日 6局		戊 辰 常 酉
○ 戌 朱 卯			己 巳 玄 戌 ○
癸 酉 匕 寅	壬 申 貴 丑	辛 未 后 子	庚 午 陰 亥 ○

■ **課體** : 涉害課 · 絶嗣格

- 무록격(無祿格) – 四下四上剋 • 蕪淫格 – 交車剋
- 도액격(度厄格) – (유도액) 三上三下剋 (장도액) 三下三上剋
- 절사격(絶嗣格) – 四上四下剋 • 根斷源消 – 四上四下脫

■ **占斷** : 비용손실이 크고 쌍방이 서로 시기한다. 有始無終의 결과

■ 課象分析

1. 일간상신 寅은 일간의 귀살로 천공이 승하여 극을 하고 있다. 모든 일이 기망이 있고 허황되다. 다행히 그 음신 酉는 寅을 制할 수 있다. 그러나 등사가 승하여 편안치 못함이 있다.

2. 일지상신 子는 일간의 財星으로 일지를 극한다. 支는 가택을 나타낸다. 따라서 財에 入宅하였다. 그 음신인 未는 천후가 승하여 지상 子와 害剋을 하고 있다. 겁재가 되어 득할 수 없다.

3. 일간상신 寅은 일지 巳와 육해를 하고, 일지 子는 기궁 未와 육해를 하여 교차육해가 된다. 피차 타산적으로 시기하고 있다. 巳는 속임수의 그림자(음영)이다. 『畢法賦』 76法에서 「피차시기해상수(彼此猜忌害相隨」 라 한다. 또 삼전 酉·辰·亥로 모두 자형(自刑)으로 형성되어 있다. 흉을 더 증가시킨다.

4. 본 과전도에서 4과 모두 상신에서 하신을 극한다. 이를 무록(無祿)이라 하여 서로 상한다. 간지간에 화목하지 못하기 때문에 서로(걱정거리를 숨기고 있다) 어려움 있다.

5. 발용 酉는 구신(救神)으로 등사가 승했다. 귀살인 寅을 제압할 수 있다. 또 중전 辰은 墓이고, 둔간의 戊는 劫財가 된다. 그리고 말전 亥 재성은 공망을 봉하고 있다. 중말전이 순리적으로 불안하다. 이는 "범모흠수(凡謀欠遂)"로 모하는 것은 이루기 어렵다.

6. 년명은 모두 戌로, 그 상신 巳로 일간을 생한다. 그러나 현무가 범해져 마치 도둑을 만나는 것과 같다.

第 77 法 호생구생범사익(互生俱生凡事益)

解說 **互生 - 간상에서 일지를 생, 지상에서 일간을 생할 때.**
俱生 - 간상에서 일간을 생, 지상에서 일지를 생할 때.

1. 호생격(互生格) : 干上神 日支를 生하고, 支上神 日干生할 때.

2. 구생격(俱生格) : 干上神 日干을 生하고, 支上神 日支生할 때.

3. 자생격(自在格) : 日支가 干上으로 와서 生助할 때, 他人이 스스로 찾아와 이익을 준다.

豫題77 유선생의 혼인상황은?

丙子年 甲午月 丁酉日 子時 未將(空-辰巳) (命-癸卯 年-亥) 借客書占

己	甲	辛
貴 亥	白 午	朱 丑
辰 ○	亥	午

壬	丁	○	己
合 寅	陰 酉	青 辰	貴 亥
丁 未	寅	酉	辰 ○

庚 匕 子 巳○	辛 朱 丑 午	壬 合 寅 未	癸 勾 卯 申
己 貴 亥 辰○	丁酉日 6局		○ 青 辰 酉
戊 后 戌 卯			○ 空 巳 戌
丁 陰 酉 寅	丙 玄 申 丑	乙 常 未 子	甲 白 午 亥

■ **課體** : 重審課 · 四絶格 · 斬關格

■ **占斷** : 본래 부부감정은 좋았으나, 남편의 잦은 업무출장으로 외도하여 의심을 하게 되고 부부관계는 하락하고 화합되지 않아 파양되었다.

■ 課象分析

1. 혼인점에서 기혼자일 경우 일간을 남편, 일지를 부인으로 본다.

2. 일간상신 寅은 길장인 육합이 승하고 일간의 장생이 된다. 그 음신인 酉는 재성으로 태음이 승했다. 따라서 일간을 남편으로 보면 남편의 운세는 좋은 편이다.

3. 일지상신 辰 역시 길장인 청룡이 승하여 일지 酉를 생하고 있다. 그러나 辰은 공망이다. 청룡의 음신인 亥는 귀인이 승하고 일간의 德·祿이 된다. 청룡은 남편의 유신이다. 현재 공망이 되어 宅에 임했다. 남편이 집에 없음을 추측 가능하게 한다.단 음양신이 모두 아름답고 남편은 발전이 있다.

4. 2, 3에서 보듯이 간지는 서로 생하여 본래의 부부사이는 원만하고 아름다움을 추측할 수 있다.

5. 발용인 亥는 귀인이 승했으나 락공이 되나 일간의 덕, 록신이다. 그리고 관귀효이다. 이 역시 장부의 유신이다. 그리고 구점일의 역마가 된다. 남편의 원대한 발전은 아직 시기적으로 운이 오지 않았다. 구점인인 남편의 본명 丁酉의 상신 辰은 청룡으로 공망이 메워질 때 길한 것이 증가하는 길의 상이다.

6. 중전인 午 록신은 백호가 승했다. 구점인 행년 亥의 상신도 午이다. 그러므로 정서의 하락과 질병이 오는 것을 막아야만 한다.

7. 子時의 추용 점시는 도화이다. 점인의 본명 癸卯도 도화이다. 또 등사가 승했다. 놀랍고 의심스러운 일이다. 또 남편의 행년 상신 午 역시 도화이다. 남편의 도화지상을 면할 길이 없다.

第 78 法 호왕개왕좌모의(互旺皆旺坐謀宜)

解說 **간상이 일지의 왕신이 되고, 지상이 일간의 왕신이 될 때, 자리를 지키는 것이 좋다. 함부로 행동하면 그물에 걸린다.**

구왕(俱旺) : 干上이 日干의 왕신, 支上이 日干의 왕신일 때, 형통과이다.

1. 호왕격(互旺格) : 干上이 日支의 왕신, 支上이 日干의 왕신

2. 개왕격(皆旺格) : 干上이 日干의 왕신, 支上이 日支의 왕신

豫題78 **연선생의 음향사업의 吉凶?**

丙子年 辛卯月 丙寅日 酉時 戌將(空-戌亥) (命-辛卯 年-亥) 晝占

戊	己	庚
靑 辰	勾 巳	合 午
卯	辰	巳

庚	辛	丁	戊
合 午	朱 未	空 卯	靑 辰
丙巳	午	寅	卯

合 庚午巳	朱 辛未午	匕 壬申未	貴 癸酉申
勾 己巳辰	丙寅日 12局		后 ○戌酉
靑 戊辰卯			空 ○巳戌
空 丁卯寅	白 丙寅丑	常 乙丑子	玄 甲子亥○

■ **課體** : 重審課 · 進連珠格(升階格) · 斬關格 · 驀越格

■ **占斷** : 人宅이 편안하다. 모든 일은 이룸이 있고 원래 하던 곳에서 靜守하면 발전이 있고 소득이 있다. 본 정단은 돌연히(급작스럽게)된 것을 찾는 정단이다.

■ 課象分析

1. 일간상신 午는 旺神이다. 또 지진 寅의 상신 卯도 旺神이다. 따라서"간지구왕격(干支俱旺格)"이다. 78法에서 「호왕개왕좌모의(互旺皆旺坐謀宜)」가 된다. 마땅히 현재의 터에서 정수해야 한다. 모망사(謀事)는 순리대로 된다.

2. 일간을 사람, 일지를 집으로 보고 간지가 모두 왕하면 인택이 편안하다. 그러나 멀리서 일을 도모하는 것은 불리하다. 이는 라망의 양인이 되어 재앙을 만난다.

3. 초전 발용 辰은 청룡이 승하여 4과에서 발용이 되어 맥월격이 된다. 일은 돌연히 이룬다.

4. 삼전이 辰·巳·午로 진연주과 이다. 이를 승계격이라 한다. 밝음으로 가는 상이다. 삼전이 체생하여 나간다. 중.말전은 일록이며 왕신이고, 또 간지가 공전(拱傳)한다. 말전 午는 일간상신으로 돌아와 모망사는 이룰 수 있다. 따라서 이과는 길하고 이로운 과 라고 할 수 있다.

5. 본명 辛卯 상신 辰은 청룡이 승하여 命財이다. 행년 亥의 상신 子는 현무가 승하고 있으나 辰이 제압할 수 있어 의심의 여지가 없다.

第 79 法 간지치절범모의(干支値絶凡謀決)

解說 **干支 상에 절신(絶神)이 임할 때이다. 이는 흉사가 끝나고 관송사 등은 해결되며 풀린다. 그러나 식록정단은 마땅치 않다(록이 절향이 되기). 질병정단은 사망한다.**

1. 절신가생격(絶神加生格) : 절신이 장생에 가임할 때, 모든 결절사 정단은 나쁘다(절신이 장생坐)

2. 체호작절신격(遞虎作絶神格) : 교차절신을 일컫는다. 교체사에 吉하다.

豫題79 **兄의 신체질병 吉凶?**

乙亥年 丁亥月 壬申日 申時 寅將(空-戌亥) (命-辛巳 年-申) 晝占

丙	壬	丙
匕 寅	白 申	匕 寅
申	寅	申

己	○	丙	壬
陰 巳	勾 亥	匕 寅	白 申
壬 亥	巳	申	寅

勾 ○亥巳	合 甲子午	朱 乙丑未	匕 丙(寅)申
青 ○戌辰	壬申日 7局		貴 丁卯酉
空 癸酉卯			后 戊辰戌○
白 壬申寅	常 辛未丑	玄 庚午子	陰 己巳亥○

■ **課體** : 返吟課(無依格) · 四絶格

■ **占斷** : 질병이 반복무상 하나 공포스럽지 않고 낙관하나 금년 파재가 있다. 손실이 크다. 현재 악몽이 있다. 작법으로 면 해야 한다.

■ 課象分析

1. 壬日 上神 巳는 일간의 財爻이며 태음이 승했다. 또한 세파를 하고 있다. 대모살도 겸하고 절신이기도 하다.

2. 일지상신 寅 흉장인 등사가 승하고 일간상신 巳와 相刑이 된다. 그리고 申金의 절지이기도 하다.

3. 1,2에서 간지상신이 모두 절신이다. 절신이 절을 향하고 있다. 壬水의 록은 亥이다. 그러나 亥는 절지인 巳에 앉아있다. 병점에서는 불리하다.『畢法賦』79法에서「간지치절범모결(干支値絶凡謀決)」으로, 질병정단에서 낙관할 수 없다.

4. 과전은 반음과이다. 삼전은 寅·申·寅으로 질병정단에서 모두 흉한 백호와 등사가 승했다. 반드시 질병정단에서는 질병이 심하게 가임된다. 병세는 반복된다. 또한 등사가 발용하여 악몽과 놀람이 있다. 그리고, 그 음신 申은 백호가 승했다. 10월 정단에서 寅은 死神이고 비혼(飛魂)이다. 모두 사망의 징조이다. 중복, 반복되어 온다.

5. 간상 巳 財는 월파, 세파이다. 이는 대파(大破)이고 연속 2,3번 접한다.

6. 일지는 병증(病症)이고, 일간은 병원(病源)이 된다. 일지는 寅 등사가 임했고 병증은 심계(心悸)로 마음이 두근거림과 악몽이 많고, 그 음신 申으로 폐경(肺經) 혹은 대장, 직장의 아픈 병이다. 그 병의 원인은 태음이다. 따라서 음사, 음인에 의한 침범으로 作法을 수행하여야 한다.

7. 본명 辛巳의 상신 亥는 록으로 절지에 앉았다. 그리고 행년 申의 상신 寅 등사가 승하여 사신이 된다. 금년에 난관을 피하기 어렵다.

第 80 法 인택개사각쇠리(人宅皆死各衰羸)

解說 **俱死가 되거나 交車死가 되면 질병정단은 사망한다. 모든 일은 후퇴가 마땅하고 도모는 불리하다.**

1. 간지상호승사기격(干支上互乘死炁格) : 12운성의 交車死. 문상, 질병에 흉하다. 질병필사

2. 간지전승사기격(干支全乘死氣格) : 일간상신에 日死, 일지상신에 支死일 때, 문상, 질병은 흉하다. 모망사는 불리하여 단지 휴식이 좋다. 도모하여 움직이면 만사가 불리하다.

豫題80 **國民黨 立委 選擧 吉凶?**

乙亥年 丁亥月 丙寅日 亥時 卯將(空-戌亥) (命-○ 年-○) 借客晝占

癸	乙	己
貴 酉	常 丑	勾 巳
巳	酉	丑

癸	乙	庚	○
貴 酉	常 丑	合 午	后 戌
丙 巳	酉	寅	午

癸 貴 酉 巳	○ 后 戌 午	○ 陰 亥 未	甲 玄 子 申
壬 ヒ 申 辰	丙寅日 9局		乙 常 丑 酉
辛 朱 未 卯			丙 白 寅 戌○
庚 合 午 寅	己 勾 巳 丑	戊 靑 辰 子	丁 空 卯 亥○

■ **課體** : 重審課 · 從革格 · 斬關格

■ **占斷** : 표면적으로는 光風이 부나, 소득은 소비를 따르지 못한다. 의회의 다수의석 이어가기 힘들다. 또한 좌절과 실패가 심하다.

■ 課象分析

1. 일간상신 酉는 귀인이 승하여 귀기(貴氣)를 이어가고 있다. 그러나 酉는 寅日의 파쇄이다. 또 일간 丙의 死神(12운성)이기도 하다.

2. 일지상신 午는 일간의 旺地의 양인이고 길장인 육합이 승했다. 그리고 일지 寅의 死神이다.

3. 그 이유는 1,2번에서와 같이 간지상신이 각각 사신을 좌하고 있다. 마땅히 휴식을 취하여야 잠시 정돈해야 한다.

4. 삼전이 酉·丑·巳로 초전은 財爻로 중전 丑에 입묘가 된다. 이는 재신전묘(財神傳墓)로 비용이 나감을 면할 수 없다. 『畢法賦』 81법 「전묘입묘분증애(傳墓入墓分憎愛)」로 현재 재는 사랑스러우나 입묘가 되어 비용이 나가는 것을 면할 길이 없다.

5. 삼전이 체생이 되고 土장으로 구성되어 삼전의 金局을 도와주고 있다. 따라서 선거인의 지지를 획득할 수 있다. 『畢法賦』 31法에서 「삼전체생인거천(三傳遞生人擧薦)」이 된다. 의석을 다수 획득할 수 있다.

6. 제3과의 일지 寅은 宅으로 일지상신 午를 탈기한다. 또한 삼전이 金財局으로 일지 寅을 극한다. 피해가 중하고 심하다. 반드시 당의 가슴졸임이 있다. 손해와 손모가 있다. 그 이유를 상술하면 『大六壬大全鈴』의 「소득불상소비, 주용점청지장본과은유해출(所得不償所費, 晝龍點睛地將本課隱喩解出)」, 버는 것보다 소비되는 것이 많고 본 과의 숨어있는 것을 풀어야 해결될 수 있다.

第 81 法 전묘입묘분증애(傳墓入墓分憎愛)

解說 **① 初傳吉神→中,末傳墓神(初吉後凶)**
② 初傳凶神→中,末傳墓神(初凶後吉)

1. 덕록전묘격(德祿傳墓格) : 初傳德祿→中末傳墓神(初吉後凶)

2. 장생입묘격(長生入墓格) : 初傳長生→中末傳墓神(初吉後凶)

3. 탈기입묘격(脫氣入墓格) : 初傳脫氣→中末傳墓神(初凶後凶)

4. 재신전묘격(財神傳墓格) : 初傳財神→中末傳墓神(初吉後凶)

5. 장생탈기입묘격(長生脫氣入墓 : 初傳의 長生이 脫氣되고 中末傳墓神(凶)

6. 귀입묘격(鬼入墓格) : 鬼殺이 入墓될 때 서민 吉, 관직자 最凶하다.

豫題81 **송선생 회사발전의 吉凶?**

丙子年 壬辰月 丙子日 巳時 戌將(空-申酉) (命-甲辰 年-子) 晝占

辛	甲	己
常 巳	ヒ 戌	空 卯
子	巳	戌

甲	己	辛	甲
ヒ 戌	空 卯	常 巳	ヒ 戌
丙 巳	戌	子	巳

<table>
<tr><td>ヒ 甲 戌 巳</td><td>朱 乙 亥 午</td><td>合 丙 子 未</td><td>勾 丁 丑 申○</td></tr>
<tr><td>貴 ○ 酉 辰</td><td colspan="2" rowspan="2">丙子日
8局</td><td>青 戊 寅 酉○</td></tr>
<tr><td>后 ○ 申 卯</td><td>空 己 卯 戌</td></tr>
<tr><td>陰 癸 未 寅</td><td>玄 壬 午 丑</td><td>常 辛 巳 子</td><td>白 庚 辰 亥</td></tr>
</table>

■ **課體** : 重審課 · 鑄印格 · 六儀格 · 斬關格 · 迴還格

■ **占斷** : 허리허명의 실리가 없다. 힘들어도 이루지 못한다(욕보이기만 하다). 발전의 한계이다. 망동하지 말고 정수하면 득할 수 있다.

■ 課象分析

1. 일간상신 戌은 일간의 묘신으로 覆하고 흉장인 등사가 승했다. 이를 "양사협묘(兩蛇夾墓)"라 한다. 『畢法賦』 53法에서 「양사협묘흉난면(兩蛇夾墓凶難免)」이라 하고, 『畢法補談』 역시 「양사협묘각무의(兩蛇夾墓各無疑)」라 하여 좋지 않은 징조를 나타낸다.

2. 일지상신 巳는 일간의 록으로 태상이 승하고 일지 子로부터 수극(受剋)을 당한다. 또 丙日의 기궁이 巳이다. 난수격으로 자취난수가 된다. 『畢法賦』 8法에서 「권섭부정록임지(權攝不正祿臨支)」라 하여, 록의 권한이 분탈되거나 피잠된다. 따라서 발전은 한계가 있다(발전할 수 없다).

3. 발용은 巳祿이다. 식록사에 관해서 원래는 좋은 것이나, 丙日의 德·祿인 巳가 중전 戌의 墓로 入墓가 된다. 이를 "덕록전묘(德祿傳墓)"라 한다. 식록에 불리하다. 『畢法賦』 81法의 「전묘입묘분증애(傳墓入墓分憎愛)」로, 德·祿이 墓로 전하는 격이다.

4. 삼전이 巳·戌·卯 주인격으로 이름을 날리기에는 유리하다.

5. 일지상신 巳는 祿으로 피극을 당하고, 둔간 辛은 일간의 암재가 된다. 따라서 정수하여야만이 이익을 얻는데 유리하다.

6. 본명 辰의 상신 酉는 귀인 財이다. 물러서면 空亡이다. 행년 子의 상신 巳는 일간의 祿이다. 년명이 좋아서 쉽게 변할 것 같으나, 본래의 과전에서 식록사 정단에서는 불리하다.

第 82 法 불행전자고초시(不行傳者考初時)

解說

中·末傳이 모두 공망일 때, 初傳만으로 길흉을 판단한다. 요극과 별책과에서는 힘이 미미하여 吉凶이 없다. 원사(遠事)는 성취 어렵고, 근사(近事)는 순후(旬後)에 도모, 또한 初·中傳이 공망이면 末傳으로 추리한다.

1. 독족괘(獨足卦) : 간지와 初·中·末傳이 同一支일 때, 매사 움직이 있으나 이동할 수 없으니 스스로 손실만 많다. 배의 이동은 불리하고 육지의 이동이 이롭다. 질병정단은 사망한다. (凡占占萬事皆不可行)

豫題82 **건설공사 합작의 可·否?**

甲戌年 乙亥月 己未日 丑時 卯將(空-子丑) (命-丙申 年-辰) 晝占

辛	辛	辛
合 酉	合 酉	合 酉
未	未	未

辛	癸	辛	癸
合 酉	匕 亥	合 酉	匕 亥
己未	酉	未	酉

青 己未巳	勾 庚申午	合 辛酉未	朱 壬戌申
空 戊午辰	己未日 10局		匕 癸亥酉
白 丁巳卯			貴 ○子戌
常 丙辰寅	玄 乙卯丑○	陰 甲寅子	后 ○丑亥

■ **課體** : 八專課(獨足格)

※ 팔전과의 삼전조식(八專課의 三傳造式)

1. 극이 있을 때는 적극법에 의해 조식, 중·말전은 음신채택
2. 극이 없을 때 陽日-간상後三位支 예)酉→亥가 초전 중말전은 모두
   陰日-자음신前三位支 예)亥→酉 1과상신을 쓴다

■ **占斷** : 獨足으로 난행(難行)이 된다. 서로 벽만 만들고 진심을다해 원했지만 모망사 불가.

■ 課象分析

1. 본 과는 팔전과이다. 상하가 없는 과이다. 일간은 음이므로 일진의 음신 亥의 역삼위 酉가 초전 발용되었다. 중·말전은 모두 일과상신을 취한다. 따라서 삼전이 酉·酉·酉, 독자로 구성되어 있다. 이를 "독족격(獨足格)"이라 한다. 원행에 불리하다.

2. 간·지·중·말 모두 酉이고, 일간을 모두 탈기한다. 비용의 손실이 심하다. 반드시 이로 인해 거동이 어렵다. 그리고 비용의 손실이 크다.

3. 추정시간이 丑시이고, 일간기궁 未와 冲을 하여 좋은 징조가 아니다.

4. 본명 申의 상신 戌, 행년 辰의 상신 午는 일간의 록신으로 천공이 승했다. 허위를 나타낸다.

第 83 法 만사희흔삼육합(萬事喜忻三六合)

解說 **三合三傳의 一神이 干支上과 六合이 될 때.**

모망사는 모두 성취된다. 의혹사, 질병사는 흉하다.

豫題83 **李女士의 최근 財運의 吉凶?**

己巳年 丙子月 壬寅日 午時 寅將(空-辰巳) (命-乙未 年-戌) 借客夜占

戊	甲	壬
戌 青	午 玄	寅 匕
寅	戌	午

乙	癸	戊	甲
未 常	卯 貴	戌 青	午 玄
壬 亥	未	寅	戌

辛 丑 朱 巳	壬 (寅) 匕 午	癸 卯 貴 未	○ 辰 后 申
庚 子 合 辰	壬寅日 5局		○ 巳 陰 酉
己 亥 勾 卯			甲 午 玄 戌
戊 戌 青 寅	丁 酉 空 丑	丙 甲 白 子	乙 未 常 亥

- **課體** : 重審課 · 炎上格 · 斬關格 · 六儀格

- **占斷** : 可逢凶化吉

■ 課象分析

1. 戌土 청룡 발용하여 삼합 財局을 형성하였다. 九月의 재운은 吉하다. 일간상신 未는 태상이 승하고, 그 음신 卯는 귀인이 승했다. 본명 未의 상신 卯는 귀인이 승하고, 행년 戌의 상신 午는 현무재가 승했다. 현재 재운은 길하고 이롭다. 그러나 삼전은 청룡에서 등사로 가고 있다.(龍頭蛇尾) 재운은 九月의 왕성함만 못하다.

2. 관귀효가 모름지기 旺한데 귀인이 卯에게 극을 당한다. 시비가 있고 질투로 이끈다. 봉흉화길(逢凶化吉)로 간다.실제 본과는 재를 구하는 점이다. 재를득한 후에는 화가 있다.그 이유는 전재화귀(傳財化鬼)가 되기 때문이다.재를 취하면 화가 되나 다행히 구점인의 본명 未의 상신인 卯木은 귀인이 승하여 귀살을 제하여 흉을 면할 수 있다.

※ 본 예는 삼전이 戌·午·寅 三合火局이 되어 있다. 일간상신 未와 중전 午는 육합이다. 따라서 서로 三六合을 하고 있다. 『畢法賦』 83法에서 「만사희흔삼육합(萬事喜忻三六合)」이라 한다.

第 84 法 합중범살밀중비(合中凡殺密中砒)

解說 **三合三傳의 一神이 干支上과 刑·冲·破·害가 될 때.**

웃음 속에 칼이 있다. 일의 성사는 범살을 冲하여 제거하는 날, 또는 범살이 공망이 되면 쓸 수 있다.

豫題84 **林先生의 복식도매상의 吉凶?**

癸酉年 庚申月 壬申日 戌時 午將(空-戌亥) (命-甲午 年-巳) 夜占

甲	壬	戊
子 靑	申 玄	辰 匕
辰	子	申

辛	丁	戊	甲
未 陰	卯 未	辰 匕	子 靑
壬 亥	未	申	辰

<table>
<tr><td>乙
丑 勾
巳</td><td>丙
寅 合
午</td><td>丁
卯 朱
未</td><td>戊
辰 匕
申</td></tr>
<tr><td>甲
子 靑
辰</td><td colspan="2" rowspan="2">壬申日
5局</td><td>己
巳 貴
酉</td></tr>
<tr><td>○
亥 空
卯</td><td>庚
㊀午 后
戌 ○</td></tr>
<tr><td>○
戊 白
寅</td><td>癸
酉 常
丑</td><td>壬
申 玄
子</td><td>辛
未 陰
亥 ○</td></tr>
</table>

- **課體** : 重審課 · 潤下格 · 斬關格 · 六儀格 · 生胎格

- **占斷** : 처음에는 財가 유리하나, 중간에 음인이나 여성으로 막힘이 있다. 용두사미(龍頭蛇尾)로 경영은 어렵다. 거듭재리(財利)는 유리하나 집안식구 반대로 불안하다.

■ 課象分析

1. 일간상신 未는 귀살로 태음이 승하여 일간을 극한다. 음인을 사귀거나 여성의 압력이 유래한다. 다행히, 그 음신 卯가 간상 未土를 극합을 하고 있다.

2. 일지상신 辰 귀살로 등사가 승하여 일간을 극하고, 또 둔귀가 되어 일간을 극한다. (명·암작귀격) 일지는 宅이다. 집안 사람의 반대나 압력이 있다.

3. 그 이유는 1,2에서 알 수 있듯이 간지상신 未·辰이 모두 귀살이 임했다. 『畢法補談』의 「간지승귀유재화(干支乘鬼有災禍)」이고, 본 사업은 꿀벌이 꿀을 만들어 내듯이 흉이 자주 생기는 상이다. 다행히 지상 辰 귀살이 일지 申을 생해주고 있다. 그러므로 끝에는 집안의 양해를 얻을 수 있다.

4. 삼전 子는 발용이 되어 청룡이 승했다. 『六壬大全鈐』에서 해석하기를 「入海」, 즉 財는 기쁘고 형통한다 하여 청룡은 財의 류신이다. 또한 干이 旺하다. 마치 미래가 밝은 것처럼 보인다.

5. 삼전이 子·申·辰 삼합 水局으로 일간상신 未와 육해를 하고 있다. 『畢法賦』 84法의 「합중범살밀중비(合中凡殺密中砒)」로, 상대의 기망을 막아야 한다. 未는 亥에 임하여 태음이 승했다. 반드시 음인 혹은 여인의 방해로 막힘이 있다. 또 초전 子는 청룡이고, 말전 辰은 등사이다. 용이 변하여 뱀이 되는 격이다. 또 子는 말전 辰에 入墓한다. "호두사미(虎頭蛇尾)"로, 이미 깨우치기는 유리하지 않다.

6. 삼전이 子·申·辰 삼합 水局으로 일간과 비겁, 형제이다. 손재를 방지해야 한다. 『畢法賦』 95法에서 「육효현괘방기극(六爻現卦防其剋)」으로, 즉 겁재괘에서는 구재에 불리하고, 혹은 妻 정단에서 불리하다.

7. 행년 巳의 상신 丑은 간상 未와 冲이고, 본명 午의 상신 寅은 土를 극제한다. 그러나 애석하게도 월파이다. 그러나 년·명은 아름답다.

第 85 法 초조협극불유기(初遭夾剋不由己)

解說 **초전이 협극이 될 때, 길신협극은 不利, 흉신협극은 有利하다.(천정에 따라 구분한다)**

1. 가법부정격(家法不正客) : 삼전이 모두 하적상(下賊上) 당할 때와 일진이 내전할 때, 家道不正, 질병, 소송 등 흉사는 不吉하다.

2. 부구앙수격(俯邱仰讎格) : 초전의 지반은 묘신이 되고, 천반은 귀살이 될 때, 구부리니 무덤이고, 우러러 보니 원수가 보이는 격.

豫題85 **채선생의 방화도료(페인트)공사 신청 吉凶?**

乙亥年 戊子月 甲申日 子時 寅將(空-午未) (命-庚子 年-丑) 借客書占

壬	○	甲
合 辰	ヒ 午	后 申
寅	辰	午 ○

壬	○	丙	戊
合 辰	ヒ 午	玄 戌	白 子
甲 寅	辰	申	戌

○ 貴 未 巳	甲 后 申 午○	乙 陰 酉 未○	丙 玄 戌 申
○ ヒ 午 辰	甲申日 11局		丁 常 亥 酉
癸 朱 巳 卯			○ 陰 亥 戌○
壬 合 辰 寅	辛 勾 卯 丑	庚 青 (寅) 子	己 空 丑 亥

■ **課體** : 重審課 · 進間傳格(登三天格) · 斬關格 · 罡塞鬼戶格

■ **占斷** : 뜻(사정)은 원대해 보이나 자기주장을 펴기 어렵다. 신청은 통과 되지 못하여 곤란을 겪는다.

■ 課象分析

1. 삼전이 辰·午·申 등삼천이다. 그리고 초전을 제외한 중·말전이 공망이다. 앞으로 나아감은 불가능하다. 일은 청사진처럼 보이나, 진전의 방법이 없다.

2. 일간상신 辰 財星은 길장인 육합이 승하고, 음신 午는 공망이면서 일간을 탈기한다. 탈공으로 인하여 의지하기가 어렵다.

3. 일지상신 戌은 재성으로 현무가 승하여 탈도의 신이다. 음신 子는 일간을 생한다. 그러나 財星에 현무가 승하여 財를 得하기 어렵다.

4. 그런 이유로 2,3에서 辰·戌은 冲이 되어 서로 공동체로 적대시한다. 신청시 반드시 통과하지 못한다. 『課經』 제35과 충파과(冲破課)로서 이미 탈락의 상이다.

5. 삼전 辰·午·申에서 초전을 제외한 중·말전이 공망이다. 『畢法賦』 82法에서 「불행전자고초시(不行傳者考初時)」라 하고, 초전으로만 정단하도록 한다. 현재 초전 辰은 육합이 승하여 寅에 앉아 있다. 辰은 협극을 만난다. 財가 자유롭지 못하다. 85法의 「초조협극불유기(初遭夾剋不由己)」, 즉 탈명의 상이다.

6. 본명 子의 상신 寅은 청룡이 승하여 좋으나 행년 丑의 상신 卯는 일간의 겁재이다. 이로써 재물의 손실을 면키 어렵다.

第 86 法 장봉내전소모위(將逢內戰所謀危)

解說 **길신이 내전을 할 때, 12천장에서 현무를 제외한 11개의 내전이 있다. 이는 일의 성취 후 실패를 본다.**

1. 삼전일진내전격(三傳日辰內戰格) : 삼전과 일진이 모두 下賊上할 때, 소송은 刑刺를 당하고, 질병은 必死하고, 길사는 不成한다.

豫題86 **鄭先生의 자식 吉凶?**

乙亥年 甲申月 戊寅日 卯時 午將(空-申酉) (命-辛丑 年-戊) 晝占

○	乙	戊
靑 申	朱 亥	后 寅
巳	申 ○	亥

○	乙	辛	○
靑 申	朱 亥	常 巳	靑 申
戊 巳	申 ○	寅	巳

靑 ○申巳	勾 ○酉午	合 甲戌未	朱 乙亥申
空 癸未辰	戊寅日 10局		匕 丙子酉
白 壬(午)卯			貴 丁丑戌
常 辛巳寅	玄 庚辰丑	陰 己卯子	后 戊寅亥

- **課體** : 重審課 · 生胎格
- **占斷** : 자식은 어렵게 임신한다, 임신시 재물손실이 있다. 압력이 심하다.

■ 課象分析

1. 일간상신 申은 일간을 탈기한다. 자손효 申에는 길장인 청룡이 승했다. 그리고 공망을 봉했다. 음신 亥는 財爻로 주작이 승했다.

2. 일지상신 巳 역시 일지를 탈기한다. 또 일간상신 申과 相刑과 六合을 한다. 戊土의 기궁은 巳와 같이 현재 巳加寅 즉 戊 일간이 임한 천반 申은 일지 寅을 수극한다. 일지는 가정, 집이다. 가정에서 반드시 자식에 대한 압력이 배가 된다.

3. 발용 申은 일간상신에서 올라왔다. 구점인은 잉태에 대하여 특별한 관심이 있다. 申은 청룡이 승하여 공망이 되었다. 그러나 월건 申은 공망이 되기 어렵다. 월건은 공망에 해당되지 않기 때문이다 . 또한 申은 巳 방향에 임하여 수극을 하고 있다. 申 천신은 천장 청룡을 극하고 있다(내전). 『畢法賦』 86法의 「장봉내전소모위(將逢內戰所謀危)」 가 되어, 자손사에서 반드시 어렵게 득하고 손모가 있다.

4. 발용 申은 초전으로 이끌어 중전 亥를 봉하나 亥 재가 공망에 앉아 있다. 그러므로 자식의 잉태에 손재(耗財)를 본다고 말할 수 있다. 말전 寅木 귀살로 천후가 승하였다. 압력이 있다.

5. 삼전 申·亥·寅으로 생현태(生玄胎)(그 이유는 申은 일간 戊의 장생수토동궁으로 申은 巳에 坐하였기에), 또 申 공망은 내전을 하고 4과가 불비이다. 정단한다면 자식은 어렵게 잉태한다.

6. 본명 辛丑 상신 辰은 현무가 승하고 행년 戌의 상신 丑이다. 단지 일간을 부조하고 도와줄 뿐이다. 따라서 본 과는 자식 정단에서는 불리하다.

第 87 法 인택좌묘감초회(人宅坐墓甘招晦)

解說 **干上神과 支上神에 모두 墓神에 坐함. 범사암매(凡事暗每), 즉 타인에 의해 재난을 당한다. (干墓와 支墓는 어둠에 빠지는 격이다.)**

1. 호좌구모격(互坐丘墓格) : 日干은 支墓, 日支는 干墓에 坐함. 피차 자신의 어리석음을 부른다.

豫題87 **林先生 동업의 吉凶?**

乙亥年 戊寅月 戊寅日 寅時 子將(空-申酉) (命-丙申 年-巳) 書占

丁	乙	○
貴 丑	陰 亥	常 酉
卯	丑	亥

己	丁	丙	甲
朱 卯	貴 丑	后 子	玄 戌
戊 巳	卯	寅	子

朱 己卯巳	合 庚辰午	勾 辛巳未	青 壬午申
匕 戊寅辰	戊寅日 3局		空 癸未酉
貴 丁丑卯			白 ○申戌
后 丙子寅	陰 乙亥丑	玄 甲戌子	常 ○酉亥

■ **課體** : 重審課 · 退間傳格(極陰格)

■ **占斷** : 타인에게 굴욕을 당하며 타인은 단단한 껍질과 같다.각자 나쁜마음을 가지고 모두 예의가 없고 욕망이 타인 것이 좋아서 나의 뜻을 펴기 어렵고 쌍방 각자가 어둠을 부른다.

■ 課象分析

1. 일간상신 卯는 일간의 귀살로 주작이 승하였다. 음신 丑은 귀인이 승했다. 그리고 戊日의 기궁은 巳이다. 巳는 未인 木의 庫에 앉아 일지의 묘신이다.

2. 일지상신 子 재성으로 천후가 승했다. 음신 戌은 현무가 승했다. 일지상신 子와 일간상신 卯는 子卯刑으로 무례지형이다. 그리고 寅은 묘인 辰에 앉아 있다.

3. 그 이유는 1,2에 干支가 형이 되고 있다. 즉 간지상이 子卯刑이고, 간지가 寅巳害로 上下 모두 刑과 害를 가지고 있다. 『畢法賦』 75法에서 「빈주불투형재상(賓主不投刑在上)」이다. 또 간지가 서로 교차로 묘지에 앉고 구묘(丘墓)가 되어 혼미함(어둠)을 부른다. 87法에서 「인택좌묘감초회(人宅坐墓甘招晦)」로,"호좌구묘격(互坐丘墓格)"이 된다.

4. 삼전이 丑·亥·酉로 초전 丑은 2과에서 발용하여 자기편에서 구해야 한다. 초전이 정마, 중전은 재성이나 둔귀가 임하고, 말전 酉는 공망을 봉했다. 따라서 삼전은 불충분하다(부족하다). 또 삼전은 極陰卦이다. 이는 얼어붙음(어려움)을 뜻한다.

5. 본명 申의 상신 午는 길장인 청룡이 승하여 일간을 생한다. 자금을 여유있는 곳에서 떼어내어 부족한 곳에 보충한다. 또 행년 巳의 상신 卯 주작이 승한 귀살이다. 송사를 면하기 어렵다.

第 88 法 간지승묘각혼미(干支乘墓各昏迷)

解說 **일간상신에 干墓, 일지상신에 支墓일 때, 이는 人宅이 모두 암매하다.**

1. 호승묘신격(互乘墓神格) : 일간상신에 支墓, 일지상신에 干墓가 될 때, 주·객이 모두 암매하다.

2. 욕기옥우격(欲棄屋宇格) : 기궁이 지상으로 가서 受剋受脫 될 때, 일지가 간상으로 와서 剋·脫·墓神 일 때.

豫題88 **洪先生 부부의 혼인상황의 吉凶?**

甲戌年 庚午月 庚寅日 寅時 未將(空-午未) (命-丙申 年-酉) 晝占

戊	癸	丙
ヒ 子	常 巳	合 戌
未	子	巳

己	○	○	戊
貴 丑	白 午	空 未	ヒ 子
庚 申	丑	寅	未

合 丙 戌 巳	朱 丁 亥 午○	ヒ 戊 子 未○	貴 己 丑 申
勾 乙 酉 辰	庚寅日 8局		后 庚 寅 酉
青 甲 申 卯			陰 辛 卯 戌
空 ○ (未) 寅	白 ○ 午 丑	常 癸 巳 子	玄 壬 辰 亥

■ **課體** : 知一課 · 斬關格

■ **占斷** : 홍선생 부부는 서로 만족하지 못하고, 그 부인은 이혼을 요구하나 끝내 이루지 못한다.

■ 課象分析

1. 일간상신 丑은 일간의 묘신으로 귀인이 승했다. 그 음신 午는 일간의 귀살로 백호가 승했다. 그러나 다행히도 午는 공망이다. 일간은 남자, 즉 남편을 말한다.

2. 일지상신 未는 일지의 묘신으로 천공이 승하며, 다시 공망이 되었다. 이를 空上空 이라 한다. 일지는 여자, 즉 부인이나, 여자는 공포를 느껴 결혼생활을 포기하기로 마음 먹었다. 『畢法賦』 16法의 「공상승공사막추(空上乘空事莫追)」로 귀결된다.

3. 그 이유는 1,2항에서 설명하듯이, 干上에 干墓, 支上에 支墓를 모두 봉하고 있어 『畢法賦』 88法의 「간지승묘각혼미(干支乘墓各昏迷)」가 되어, 쌍방이 서로 혼미하고, 부부관계는 아주 좋지 않다. 또 간지상신이 丑未冲이 되어 어려움이 증가하는 상이다.

4. 발용 子는 등사가 승했다. 천반 子는 지반 未로부터 내전을 당한다. 또한 子는 천장 등사를 수극내전을 한다. 따라서 더 나아감은 좋지 않다(아름답지 못하다). 중·말전 巳·戌은 간지와 충극을 하지 않는다. 부부가 같은 申命이다.(동갑) 남자의 행년 辰의 상신은 酉이고, 여자 행년 午의 상신은 亥이다. 따라서 남자 쪽에서 항시 여자를 그리워하기 때문에 이혼은 불가능하다.

第 89 法 임신정마수언동(任信丁馬雖言動)

解說 **복음과에서 丁神, 역마, 천마를 봉하면, 반드시 고요히 있다가 움직여야 한다. 이는 任이 없고, 信이 없다. 丁馬·天馬·驛馬가 없으면 엎드려 있는다.**

천마의 月建 : 午申戌子寅辰 · 午申戌子寅辰

豫題89 **全先生의한해 동안 운세의 吉凶?**

乙亥年 戊寅月 丁卯日 子時 子將(空-戌亥) (命-乙未 年-午) 借客書占

乙	甲	庚
勾 卯	匕 子	白 午
卯	子	午

辛	辛	丁	丁
常 未	常 未	勾 卯	勾 卯
丁未	未	卯	卯

己 空 巳 巳	庚 白 午 午	辛 常 未 未	壬 玄 申 申
戊 青 辰 辰	丁卯日 1局		癸 陰 酉 酉
丁 勾 卯 卯			○ 后 戌 戌○
丙 合 寅 寅	乙 朱 丑 丑	甲 匕 ㉂ 子	○ 貴 亥 亥○

■ **課體** : 伏吟課(自信格) · 三交格 · 龍戰格

■ **占斷** : 금년에는 정(靜)한 가운데 동(動)을 구하라. 음직여 구하면 그 해가 사납다. 5월에 차 사고를 방지하고, 색정,도화가 얽혀 봄에 달라 붙는다. 가정은 혁명(뒤바뀌다)이 되고, 구재는 불리하다.

■ 課象分析

1. 육임과식이 복음과이다. 엎드려 정수해야 한다. 발용 卯는 정마이다. 그리고 3,4과에 쌍으로 정신인 丁卯가 되었다. 『六壬大全鈐』에서, 본문을 해석하면 「복음주정중중정신유비세지동(伏吟主靜重重丁神有非細之動)」으로, "복음과에는 정수하나, 정신이 중중하면 조심스럽게 움직여라"고 하였다.

2. 구점인의 행년 午 상신 午는 寅月의 천마이고 백호가 승했다. 강한 움직임의 상이다. 89法의 「임신정마수언동(任信丁馬雖言動)」은 본 과와 같음을 묘사하고 있다.

3. 낮 점에서 午는 천마를 봉하고 백호가 승하여 말전에 임하고 있다. 또 중전 子는 등사가 승하고 午와 冲을 하고 있다. 또 점인의 행년상신 역시 午이다. 따라서 백호는 도로이다. 그러므로 5월에 자동차와 관련하여 액운이 있다. 午의 백호는 혈광이다. 따라서 혈광의 재난을 피해야 한다. 그러나 午는 일간의 일록이다. 지장이 없다.

4. 삼전은 卯·子·午 삼교격이다. 또한 용전격이다. 몸과 마음이 편안하지 못하다. 삼전 모두 흉악한 천장을 승했다. 파재와 소모이다. 꺼리는 운 3가지가 다시 도래하여 이를 면하기 어렵고 또 중전 子는 일간의 도화로 색정도화가 몸에 얽힌다.

5. 지진 卯는 가택으로 지금 상신인 복음의 둔간은 정마로 음신을 복하고 있다. 가택이 편안 할 수 없다. 가정의 변화가 자주 생긴다.

6. 본명상신 未는 태상이 승하고, 연회와 노는 자리에서 희희 락락 하고 있으나 그 원인은 실탈에 있다. 속 마음은 고뇌가 있고 본명상신 午는 일의 백호와 천마를 봉하여 음직이면 동요와 불안함 이있다.

第 90 法 래거구공기동의(來去俱空豈動宜)

解說 **반음과에서는 움직임이 없어야 한다. 또한 공망이 들면 움직이려 하나, 실제로는 움직이지 못한다. 자세한 것은 공망을 무용과 유용으로 나누어 본다.**

1. 덕상록절격(德喪祿絶格) : 반음과의 덕이나 록이 四絶체에 있을 때, 즉 4중신인 子·午·卯·酉 가 사맹인 寅·申·巳·亥 에 坐 할 때이다.

2. 이원취근격(移遠就近格) : 초전이 태세이고, 중전이 월건, 말전이 일지가 될 때, 늦춰지는 일이 빨리 성취된다.

※ 반음과의 정단사는 이루어지기도 어렵지만 깨진 일은 덮어주고, 타인을 방문하는 것은 차질이 생기며 유혹 받는 일도 차질이 생긴다

豫題90 **방여사와 주선생의 관계의 吉凶?**

乙亥年 乙酉月 己酉日 亥時 巳將(空-寅卯) (命-壬寅 年-巳) 晝占

○	己	○
玄 卯	合 酉	玄 卯
酉	卯 ○	酉 ○

癸	丁	○	己
后 丑	靑 未	玄 卯	合 酉
己 未	丑	酉	卯 ○

匕 辛亥巳	貴 壬子午	后 癸丑未	陰 ○寅申
朱 庚戌辰	乙酉日 7局		玄 ○卯酉
合 己酉卯○			常 甲辰戌
勾 戊申寅○	靑 丁未丑	空 丙午子	白 乙巳亥

■ **課體** : 返吟課(無依格)

■ **占斷** : 장차 연속적 발전의 결과가 없다. 상대방의 뜻은 은닉하고, 지나친 욕망으로 부채 발생, 쾌도참난마(快刀斬亂麻)가 요구된다.

■ 課象分析

1. 반음과의 과상이다. 초전 발용 卯와 말전 卯는 같고 공망이 된다. 이를 "래거공망(來去空亡)" 이라 한다. 본과는 마땅히 우려와 의심이 되고, 어려움을 처한 가운데 해결해야 한다. 점은 교제에 관련된 일이다. 여자의 命은 관살이 유신이다. 지금 초전 卯는 관살로 공망이 되어 있다. 또 흉장인 현무가 승했다. 남자의 의리가 허의가 되어 나타나고 지나친 욕망은 이루어지지 않는다. 90法에서「래거구공기동의(來去俱空豈動宜)」라 했다.

2. 3,4과 상신에 현무가 나타나고, 육합은 음사의 천장으로 문(門)인 卯에 임했다. 또 천후 역시 음사로 간상 丑에 임했다. 피차 특별한 관계로 음란 사합(私合)이 되어,『六壬大全鈐』에서「여용주장, 합현임문, 천후거일, 필주음사, 왕래순닉봉사(如用晝將, 合玄臨門, 天后居日, 必主陰私, 往來循慝逢私)」, "낮 점에서 육합이나 현무가 문인 卯에 임하고, 천후가 日에 임하면, 이는 반드시 음사로 왕래하는 것이다" 라고 하였다.

3. 일간상신 丑은 둔간에 癸를 봉하여 폐구가 된다. 폐구는 일의 진행이 어렵고 고뇌가 내재되어 있다. 만약 떠벌리면 반대로 허물과 재앙에 이른다.

4. 남자의 본명 丁丑 상신 未는 청룡이 승했다. 사람이 모양이나 자세가 반듯하지 못하나 실제로 힘이 좋다.여자 본명 寅의 申 남·녀명의 서로 좋다.

第 91 法 호임간귀흉속속(虎臨干鬼凶速速)

解說 **백호가 귀살에 승할 때.**

범법자는 형책을 받고 질병인은 사망한다. 단 부임자는 빠르게 부임한다.

1. 마재호귀격(馬載虎鬼格) : 虎鬼에 역마가 임할 때, 반드시 죄형을 먼 곳에서 받는다.

豫題91 **民進黨 彭明敏 총통 선거의 吉凶?**

丙子年 辛卯月 己未日 寅時 戌將(空-子丑) (命-○ 年-○) 借客夜占

乙	癸	己
卯 白	亥 合	未 后
未	卯	亥

乙	癸	乙	乙
卯 白	亥 合	卯 白	亥 合
己 未	卯	未	卯

○ 丑 巳 青	甲 寅 午 空	乙 卯 未 白	丙 辰 申 常
○ 子 辰 勾	己未日 5局		丁 巳 酉 玄
癸 亥 卯 合			戊 午 戌 陰
壬 戌 寅 朱	辛 酉 丑 ヒ ○	庚 申 子 貴 ○	己 未 亥 后

■ **課體** : 元首課(八傳) · 曲直格 · 閉口格

■ **占斷** : 승산이 전혀 없고 크게 좌절하며, 선거 후 질병을 예방해야 한다.

■ 課象分析

1. 일간상신 卯는 일간의 귀살이며 백호가 승했다. 따라서 "호귀가임(虎鬼加臨)"이 된다. 압력이 크다. 또 호귀의 음신 亥는 일간의 재성으로 간상 호귀를 돕는다. 화가 가중이 된다.

2. 삼전은 卯 호귀가 발용되었다. 또 卯는 둔간 乙의 암귀를 가지고 있다(明暗作鬼). 귀살의 명·암이 모두 나타난다. 그리고 삼전은 卯·亥·未 로 삼합 木局 곡직격이 된다. 곧게 펴 나갈 수 없다.(낙선이다)

第 92 法 용가생기길지지(龍加生氣吉遲遲)

解說 **청룡이 生氣에 승할 때, 이는 吉氣가 서서히 발현된다.**

豫題92 **國民黨 李登輝 총통의 선거 吉凶?**

丙子年 辛卯月 己未日 子時 戌將(空-子丑) (命-○ 年-○) 晝占

○	丁	丁
匕 丑	靑 巳	靑 巳
卯	未	未

丁	己	丁	己
靑 巳	合 卯	靑 巳	合 卯
己 未	巳	未	巳

乙 合 卯 巳	丙 勾 辰 午	丁 靑 巳 未	戊 空 午 申
甲 朱 寅 辰	己未日 3局		己 白 未 酉
○ 匕 丑 卯			庚 常 申 戌
○ 貴 子 寅	癸 后 亥 丑	壬 陰 (戌) 子○	辛 玄 酉 亥○

■ **課體** : 八傳課

■ **占斷** : 높은 표차로 크게 승리한다.

■ 課象分析

1. 일간상신 巳는 청룡이 승하여 일간을 생하여 준다. 그리고 그 음신 卯는 귀살로 극을 한다. 그러나 간상 巳가 인성을 생조하여 좋은 작용(官-印 相生)을 한다.

2. 발용 丑은 비록 순공이 되나 중·말전 巳는 모두 청룡이 승했다. 또 둔간은 정마이다. 크게 희망하는 신이다. 원인은 초전 丑은 공망이면서 파쇄가 되어 비용의 손실이 크다. 그렇지만 훗날 성세(聲勢)의 기운에 비하면 높은 것은 아니다. 또 초전이 등사, 중·말전이 청룡으로 뱀이 변하여 용이 되는 길상이다.

第 93 法 망용삼전재복리(妄用三傳災福異)

解說 **삼전을 망룡되게 쓰니 재앙과 복이 다른것에 대한 이해이다.**

豫題93 **(疾病)언제쯤 돌아가시겠는가?**

癸巳年 乙卯月 癸酉日 午時 亥將 (空 - 戌亥) 命 - 辛未 年 - 子 晝占

辛	甲	己
朱 未	白 子	貴 巳
寅	未	子

庚	○	丙	辛
ヒ 午	空 亥	玄 寅	朱 未
癸 丑	午	酉	寅

<table>
<tr><td>○
青 戊
巳</td><td>○
空 亥
午</td><td>甲
白 子
未</td><td>乙
常 丑
申</td></tr>
<tr><td>癸
勾 酉
辰</td><td rowspan="2" colspan="2">癸酉日
8局</td><td>丙
玄 寅
酉</td></tr>
<tr><td>壬
合 申
卯</td><td>丁
陰 卯
戌○</td></tr>
<tr><td>辛
朱 未
寅</td><td>庚
ヒ 午
丑</td><td>己
貴 巳
子</td><td>戊
后 辰
亥○</td></tr>
</table>

■ **課體** : 知一課 · 度厄格(長度厄) · 四墓格

■ **占斷** : 내년 甲午年에는 천귀가 되고 일간의 록이 깨지는 해에 영명한다.

■ 課象分析

1. 질병과 이병생사(罹病生死)의 정단에서 일간을 환자, 일지를 질병, 일지 상신을 병증으로 구분한다. 현재 일간상신 午는 등사가 승하여 월신살인 천귀살을 가지고 일간의 재성이 되어, 본인의 상태는 좋은 상태가 아니다. 또한 일지상신 寅은 현무가 승하여 일간을 탈하고 있어 노환으로 인한 맥이 약한 상태임을 알 수 있다.

2. 초전 未는 일간을 극하는 귀살로 주작이 승하여 血支와 월신살 死氣를 가지고 일간을 극하고 있다. 중전 또한 백호가 승하고 있으나, 다행히 일간의 록신이 되어 그 害는 그리 크지 않다. 말전 巳는 귀인이 승하여 일덕이 임하고 있다. 그러나 3전이 모두 지반으로부터 내전을 당하고 있는 도액(度厄)의 형상으로, 그 내용이 아름답지 못하다.

3. 점자의 본명 未의 상신 子는 백호가 승하고 있고, 행년 子의 상신 巳는 일간의 덕신이면서 귀인이 승하여 흉하지는 않으나, 초전 未와 말전 巳가 일간상신 午를 인종하는 시점에서 위험한 시기가 있을 것이며, 결정적으로는 내년 甲午年에는 천귀가 되고 일간의 록이 깨지는 해 이기도 하다.(세파로 인해 중전 子록이 깨져 버린다.) 따라서 甲午年 午月이 되면 운명을 달리 할 것이다. 아니면 록신 子의 절지가 되는 巳月도 가능하다.(巳月 午月 사이)

第 94 法 희구공망내묘기(喜懼空亡乃妙機)

解說 **吉·凶神 모두 空亡이 될 때.**

吉神空亡-無 凶神空亡-無 (순공-70%, 락공-100%)

1. 견생불생격(見生不生格) : 長生 또는 剋地에 앉은 父母爻. 또한 我生空亡이 되면 부모와 웃어른 질병 정단에서 救制 불가.

2. 견극불극격(見剋不剋格) : 長生 또는 剋地에 앉은 귀살.

3. 견재무재격(見財無財者) : 財神이 剋地나 脫氣에 앉거나 공망 될 때, 구재보다 손비가 심하다.

4. 견구불구격(見救不救者) : 剋地나 空亡에 앉은 救制神

5. 덕귀합국생신격(德貴合局生身格) : 日德 貴人이 日干에 臨(우환을 제거한다.)

6. 장상재흉격(長上災凶格) : 長生이 空亡 될 때는 부모님 우환 발생.

7. 희구격(喜懼格) : 三傳鬼殺이 되고 干上長生이 될 때.

豫題94 회사가 재기할 수 있는지?

乙亥年 辛巳月 甲辰日 未時 酉將(空-寅卯) (命-庚辰 年-酉) 借客夜占

甲	丙	戊
辰 合	午 青	申 白
寅	辰	午

甲	丙	丙	戊
辰 合	午 青	午 青	申 白
甲 寅	辰	辰	午

丁 未 空 巳	戊 申 白 午	己 酉 常 未	庚 戌 玄 申
丙 午 青 辰	甲辰日 11局		辛 亥 陰 酉
乙 巳 勾 卯 ○			壬 子 后 戌
甲 辰 合 寅 ○	○ 卯 朱 丑	○ 寅 匕 子	癸 丑 貴 亥

■ **課體** : 重審課 · 進間傳格(登三天格) · 斬關格 · 六儀格 · 病胎格

■ **占斷** : 소망은 원대해 보이나 가족 중 동의하지 않아 일은 성사되지 못한다.

■ 課象分析

1. 일간의 기궁은 寅이다. 즉 일간이 락공을 봉한 격이다. 자신의 처할 곳이 없어 감당하기 무력하다.

2. 일간상신 辰에 길장인 육합이 승했다. 支辰에서 干上으로 올라와 있다. 이는 가족이 돈을 출자하여 만든(회사) 것을 알 수 있다. 발용 辰은 간상財에서 되었으나 락공이 되어 있다. 財를 구하기 어렵다. 『畢法賦』 9 4法에서 「희구공망내묘기(喜懼空亡乃妙機)」로 되어 있다.

3. 또 발용 辰은 寅에 임하여 수극을 당하고, 그리고 천장 육합으로부터 외전을 받아 협극이 된다.『畢法賦』85法의「초조협극불유기(初遭夾剋不由己)」로, 비용 소모에 본인 결정이 자유롭지 못하다.

4. 중전 午는 비록 청룡이 승했으나,일간을 도탈한다. 또한 12운성의 死氣이다. 그리고 말전 申은 귀살에 백호이다. 일은 첩첩산중으로 어렵게 되어 발전하기 어렵다. 또한 귀인 丑은 천문 亥에 임했다. 삼전이 辰·午·申 등 삼천이다. 일은 원대해 보이나 이루기 어렵다.

5. 일지상신 午는 일지 辰을 생하고 말전 申 귀살을 극한다. 그 음신 申은 백호가 승했다. 귀살로 일간에게 압력을 조성하고 있다.『畢法補談』에서「음신락지무삼계(陰神落地務參稽)」로, 본뜻을 나타낸 것이다.

6. 본명 辰 상신 午는 사기에 청룡이 승하고, 행년 酉 상신 亥는 장생으로 一得一失이 된다.

第 95 法 육효현괘방기극(六爻現卦防其剋)

解說 **局을 형성한 爻가, 그 爻의 剋을 받으면 해당 육친이 손상을 당한다.**

1. 재효현괘필우부모(財爻現卦必憂父母) : 財局 형성될 때, 財局에 無官星이면 부모손상.

2. 부모효현괘필우자식(父母爻現卦必憂子息) : 父母局 형성될 때, 父母局에 無兄弟이면 자식손상.

3. 약자식효형괘필우관사(若子息爻現卦必憂官事) : 子孫局 형성될 때, 子孫局이 無妻財이면 관직불길.

4. 관귀효현괘우기신급형제(官鬼爻現卦憂己身及兄弟) : 官鬼爻局 형성될 때, 無父母이면 兄弟손상.

5. 동류현괘필우처급거재(同類現卦必憂妻及去財) : 兄弟局 형성될 때, 無子孫이면 妻財손상.

6. 육효상생이성자(六爻相生而成者) : 삼전이 局을 이루어 干上을 생할 때, 吉하거나 凶하다.

7. 지간동류격(支干同類格) : 간지가 同類일 때(구재는 50%이다).

8. 백의식시격(白蟻食尸格) : 흰개미가 시신을 갉아먹는 격(父爻+白+墓)父爻+白+墓+死氣+死神 은 必死한다.

9. 나거취재격(懶去取財格) : 협극, 묘재 등으로 인한 不取財(나태하여)

10. 덕상록절격(德喪祿絶格) : 덕은 상을 당하고 록은 끊기고, 양·음일 반음과

(四絶體)에서 발생 끊긴다.

11. 전재화귀격(傳財化鬼者) : 삼전의 財爻 일간상신을 生 관귀효로 바뀐다.

12. 전귀화부모격(傳鬼化父母者) : 삼전의 鬼爻 일간상신을 生 부모효로 바뀐다.

13. 전부모화형격(傳父母化兄弟) : 삼전의 父母爻 일간상신을 生 형재효로 바뀐다.

14. 전형제화자식(傳兄弟化子息) : 삼전의 兄弟爻 일간상신을 生 자식효로 바뀐다.

15. 전자식화재효(傳子息化財爻) : 삼전의 子息爻 일간상신을 生 처재효로 바뀐다.

豫題95 王先生의 근래 재운의 吉凶?

乙亥年 甲申月 乙未日 酉時 巳將(空-辰巳) (命-庚子 年-丑) 借客書占

癸	己	乙
白 卯	合 亥	后 未
未	卯	亥

庚	丙	癸	己
勾 子	貴 申	白 卯	合 亥
乙 辰	子	未	卯

<table>
<tr><td>青 辛丑巳○</td><td>空 壬寅午</td><td>白 癸卯未</td><td>常 ○辰申</td></tr>
<tr><td>勾 庚子辰○</td><td colspan="2" rowspan="2">乙未日
5局</td><td>玄 ○巳酉</td></tr>
<tr><td>合 己亥卯</td><td>陰 甲午戌</td></tr>
<tr><td>朱 戊戌寅</td><td>匕 丁酉丑</td><td>貴 丙申子</td><td>后 乙未亥</td></tr>
</table>

■ **課體** : 元首課 · 曲直格 · 鬼乘天乙格

■ 課象分析

1. 일간상신 子는 구진이 승하여 일간을 생하나 협극이 된다. 따라서 생 해주는 정도가 높지 않다. 구진이 승한 천신 子의 이름은 투기(投機)이다. 그 음신 申은 귀인이 승하여 일간을 극한다. 또한 일간의 음·양신은 申·子·辰 水局을 형성한다.

2. 일지상신 卯는 백호가 승하여 일간 子와 子卯刑을 한다. 또 그 음신 亥는 일간을 생한다. 일간을 상하게 할 마음이 없다. 또 일지 음·양신이 合하여 亥·卯·未 木局을 형성한다. 木局은 水局을 설기한다.

3. 일간의 록신인 卯가 일지에 임했다. 이를 "권섭부정(權攝不正)"이라 하고, 직무가 멀어져 손에 쥐기 어렵다. 둔간 癸는 일간 록의 폐구이다. 구재 정단에서는 불리하다.

4. 발용 卯는 일간의 록신이지만 폐구가 봉해져 간상 子와 刑을 이루고 있다. 또한 백호가 승하여,"임문(臨門)"이라 하여, 사람의 입을 상하게 한다. 또 질병이 몸에 온다.

5. 삼전이 卯·亥·未로 木局 劫財이다. 구재점에서는 최고로 절기한다. 실패를 면할 수 없다.

6. 중전 亥는 태세이다. 응기는 1년 전 財運은 끝나는 것이 된다.

7. 본명 子의 상신 申은 귀인으로 일간을 극한다. 그리고 행년 丑의 상신 酉 역시 귀살로 모두 나에게 불리하다.

8. 83년 행년은 子年이고, 그 상신 申은 귀살이다. 비록 귀인이 승하지만 반대로 나를 해한다. 84년 행년은 丑이 된다. 그 상신 酉는 귀살에 등사가

승하여 사귀(蛇鬼)가 되어 반드시 재앙이 있다. 85년도는 寅으로, 그 상신은 戌로 재성으로 주작이 승했다. 86년은 卯로, 그 상신인 亥는 육합이 승하여 일간을 생한다. 일간의 장생이다.

豫題95 推論

1. 삼전이 비겁 전국이다. 재운은 불리하다. 83년 하반기에 귀인이 인도하여 투자하였다. 자신이 상하는 것이다. 『畢法賦』 95法의 「육효현괘방기극(六爻現卦防其剋)」으로, 간지가 無化神이 된다.

2. 일간이 水局, 일지가 木局이 되어 탈모가 된다. 탈모재에 무력해 진다. 금년 행년은 등사이어서 마땅히 신체 질병에 방비해야 한다. 잠을 자다 놀라고 공포스러운 일이 있다. 꿈을 꾸는 것은 신체가 허약하다는 것이다. 발용 卯는 간상 子와 刑을 이루어 刑을 보태는 상이다.

3. 85년 상신 戌은 재성으로 주작이 승했다. 당해년에 소송으로 인한 구재를 취할 수 있다. 또한 구변으로 종사하는 업종에 이문을 남길 수 있다.

4. 86년 상신 亥는 육합이 승하고 일간의 장생이다. 새롭게 동업으로 사업창업이 가능하다. 다시 한번 분발하여 발휘하면 된다.

第 96 法 순내공망축류추(旬內空亡逐類推)

解說 **모망하는 유신이 공망이 될 때이다. 해당 모망사는 성사되지 않는다.**

십악대패일(十惡大敗日) : 즉 록신이 공망되는 날로 – 甲辰(寅), 乙巳(卯), 壬申(亥), 丙申(巳), 丁亥(午), 庚辰(申), 戊戌(巳), 癸亥(子), 辛巳(酉), 己丑(午)

豫題96 **王여사의 실물점(失物占) 吉凶禍福?**

乙亥年 丁亥月 壬子日 卯時 卯將(空-寅卯) (命-乙未 年-辰) 晝占

辛	壬	○
常 亥	玄 子	貴 卯
亥	子	卯 ○

辛	辛	壬	壬
常 亥	常 亥	玄 子	玄 子
壬 亥	亥	子	子

朱 乙 巳 巳	合 丙 午 午	勾 丁 未 未	青 戊 申 申
匕 甲 辰 辰	壬子日 1局		空 己 酉 酉
貴 ○ 卯 卯○			白 庚 戌 戌
后 ○ 寅 寅○	陰 癸 丑 丑	玄 壬 子 子	常 辛 亥 亥

■ **課體** : 伏吟課

■ **占斷** : 失物은 귀중한 문건이다. 어음, 유가증권으로 가정이나 고정 장소에서 유실. 도적은 집안에 있다(사무실 안). 모양은 장신구 흑색이고 추하다. 단기에 조사 획득 어렵다. 재산손실을 면하기 어렵다

■ 課象分析

1. 실물정단에서 간지와 순(旬)을 먼저 본다. 天神의 공망. 오늘 壬子日 寅卯가 공망이다. 점시 卯는 귀인이 승하여 입전하나 간지 모두에게 탈기를 당한다. 또한 卯는 월장이다. 분실물이 귀중품인 것을 알 수 있다. 卯의 유신은 우편물이다. 또 배, 차, 문건 등을 추론할 때, 어음, 증권 등이 된다. 『畢法賦』 96法의 「순내공망축류추(旬內空亡逐類推)」가 된다.

2. 일간상신 亥는 일간의 덕·록이 되고, 또한 발용을 하였다. 그리고 3,4과는 일간의 겁재로 현무가 승하였다. 또한 4과 3전 역시 비겁이 중중하다. 그러므로 재물손실은 면할 수 없다. 『畢法賦』 95法에서 「육효현괘방기극(六爻現卦防其剋)」 간지가 동류가 되면 재물손실이 있다.

3. 과상은 복음과이다. 또 실물정단이다. 통상 가정 내 이거나, 혹은 고정 장소에서 이루어 진다. 그리고 子는 비겁이 되어 현무가 승했다. 내부에 도적이 있다(自家手足). 혹은 같은 일이다.

4. 子는 현무가 승하고 있어 면식범이고, 용모는 추하고 못생기고 장신구는 흑색을 했다. 심성은 不定하다.

5. 구점인의 본명 未의 상신 未에 구진이 승하여 현무 子를 극제하고 있다. 또한 구점시간 년, 월, 일 모두 亥·子水 旺時이다. 현무도 왕하다. 압수 수색하지만 두렵고 어렵다(현무가 일간의 양인이므로 도적질하여 획득하기 쉽지 않다.

第 97 法 소서불입잉빙류(所筮不入仍憑類)

解說 **류신이 과전에 없을 때는 천지반도에 있는 유신 활용. 이는 임귀의 류신 삼재법에 해당한다.**

豫題97 **개가 없어졌는데 찾거나 돌아올까?**

乙亥年 己丑月 庚戌日 辰時 丑將(空-寅卯) (命-○ 年-○) 晝占

乙	○	辛
勾 巳	ヒ 寅	陰 亥
申	巳	寅 ○

乙	○	丁	甲
勾 巳	ヒ 寅	空 未	合 辰
庚 申	巳	戌	未

ヒ ○ 寅 巳	朱 ○ 卯 午	合 甲 辰 未	勾 乙 巳 申
貴 癸 (丑) 辰	庚戌日 4局		青 丙 午 酉
后 壬 子 卯○			空 丁 未 戌
陰 辛 亥 寅○	玄 庚 戌 丑	常 己 酉 子	白 戊 申 亥

■ **課體** : 元首課 · 病胎格

■ **占斷** : 타인의 손탔다. 개는 돌아오지 못한다.

■ 課象分析

1. 개의 정단이다. 유신은 戌이다. 4과 3전이 모두 戌이 없다(不見入筮). 유신에 따라 추론하면 『필법부』 97法의 「소서불입잉빙류(所筮不入仍憑類)」이다.

2. 戌은 현무가 승했다. 개를 도적 맞는 상의 뜻이다. 戌은 丑에 임하여 있다. 丑은 동북방향이다. 따라서 동북방향 개가 간 곳이다.

3. 戌의 음신 未는 지상에서 천공이 승하고 기망의 흉장으로 도적맞은 것이다.

4. 또 未의 음신 辰에 육합이 승하여 일간을 생하여 본래는 아름다우나 개의 유신인 戌과 冲을 하여 희망이 없다.결과가 없다.

第 98 法 비점현류물언지(非占現類勿言之)

解說 **하나의 유신(類神)에서 묻는 용건에 따라 다르다. 이는 정단에 따라 분류, 나타난 유신으로 말하면 안된다.**

豫題98 **고시(考試) 약사고시에 합격할 수 있는가?**

命 - 癸酉　年 - 酉　晝占

庚	丁	甲
匕 寅	陰 亥	白 申
巳	寅	亥

庚	丁	乙	○
匕 寅	陰 亥	常 酉	靑 午
戊 巳	寅	子	酉

匕 庚 寅 巳	朱 辛 卯 午○	合 壬 辰 未○	勾 癸 巳 申
貴 己 丑 辰	戊子日 4局		靑 ○ 午 酉
后 戊 子 卯			空 ○ 未 戌
陰 丁 亥 寅	玄 丙 戌 丑	常 乙 酉 子	白 甲 申 亥

■ **課體** : 涉害課 · 病胎格

■ **占斷** : 귀살의 쓰임에 따라 시험의 여부가 달라진다.
사귀격(蛇鬼格)으로 인한 불합격이 예상도힌다.

■ 課象分析

1. 국가고시 시험에서 일간을 수험자, 일지를 수험장으로 본다. 일간상신 寅은 등사가 승하여 귀살로 일간을 극하고 있다. 사귀(蛇鬼)격이 되어 수험자에게 유리하지 못하다. 일간음신 亥는 월신살 생기에 해당하나, 정신이 봉해져 있어 생기가 불안하다. 또한 일지상신 酉는 태상이 승하여 일간을 탈기하며, 그 음신 午는 청룡이 승하나 순공이 되어 있다.

2. 초전 寅은 일간의 장생이며 역마가 되나, 지반 巳와 천장 등사로 모두 탈기를 당하고, 휴수하여 그 힘이 약하다. 중전 亥는 월의 생기이나 정신이 승하고, 지반 寅으로부터 탈기를 당하여 그 힘이 약하고, 말전 申은 백호가 승하고 둔귀가 되어, 관직자 같으면 최관사자가 될 수 있으나 수험자 입장에서는 불리하다.

3. 수험자의 본명 酉의 상신 午는 청룡이 승하나 공망이 되어, 고시점에서는 불길하게 나타나고 있다. 또한 행년 역시 공망이 되어, 당해에 약사고시는 어렵다 보아야 한다. 또 한가지 불리한 것은 중전 亥의 생기는 태세 巳와 세파를 하고 있어, 금년에는 불리하게 작용을 한다. 3전이 비록 체생을 하나 흉장인 백호, 세파, 지반, 천장 탈에 의해 그 힘이 작용을 못하고 있다. 다음해 甲午年에는 午 청룡이 해공이 되고 태세이기 때문에 가능할 것으로 보인다.

第 99 法 상류불응봉길상(常流不應逢吉象)

解說 吉한 課象이 君子는 吉, 常人은 凶이다.

豫題99 당선 여부(當選 與否)총학생회장 출마

癸巳年 癸亥月 甲辰日 巳時 寅將 (空 - 寅卯) 命 - 己亥 年 - 申

戊	乙	○
后 申	朱 巳	青 寅
亥	申	巳

辛	戊	癸	庚
常 亥	后 申	空 丑	玄 戌
甲 寅	亥	辰	丑

青 ○ (寅) 巳	勾 ○ 卯 午	合 甲 辰 未	朱 乙 巳 申
空 癸 丑 辰	甲辰日 4局		匕 丙 午 酉
白 壬 子 卯			貴 丁 未 戌
常 辛 亥 寅	玄 庚 戌 丑	陰 己 酉 子	后 戊 申 亥

- **課體** : 搖剋課 · 無陰格
- **占斷** : 압도적으로 당선된다.

■ 課象分析

1. 선거정단 에서 일간을 출마자, 일지를 투표장,선거인으로 본다. 일간상신 亥는 태상이 승하여 일간을 生助 해주고 있다. 음신 申 또한 일간의 관성으로 길장인 천후가 승한다. 선거점에서 유리하게 작용한다. 일지상신 亥와 지진 辰은 서로 극하고, 일지상신 丑과 일간 역시 극하여 교차극이 되어 무음격(蕪淫格)이 되어 있다. 이 경우는 교역이나 동업관계에서 불리하게 작용한다. 또한 일지상신과 음신이 모두 丑戌형에 임해 있다.

2. 초전 申은 천후가 승하고, 중전 巳는 주서의 신인 주작이 승하고 태세를 봉하고 있다. 또한 말전 寅은 역마와 일덕·일록을 봉하고 선거 문관의 신인 청룡이 승했다. 그러나 말전 寅이 순공이 되어 있다. 그러나 말전 寅은 월장(태양)에 봉해져 있어 흉을 길로 변형시켜준다. 또한 초·중·말 의 흐름이 좋고 선거정단 에서 吉한 申,巳,寅의 삼형으로 구성되어 있다. 여기서는 중전의 주서의 신인 주작이 태세를 봉하여 관직의 신인 청룡(일덕,일록,역마)으로 이어져 아주 길한 작용이 된다.

3. 점인의 본명 亥의 상신 申은 천후가 승하여 일간의 관성으로 길한 작용을 하며, 행년 申의 상신 巳 역시 주작이 승하여 태세에 봉해져, 이 역시도 길한 작용을 한다. 또한 일간과 말전 寅은 계절시령으로 왕상기에 해당되어 힘이 된다. 이에 의뢰인이 압도적으로 당선되었다.

※ 추론 : 선거 일간과 일지로 정단

선거출마자를 본인은 양과(1, 2과)로 보고, 타인(상대후보)을 음과(3, 4과)로 본다. 여기에서 일간의 상신 亥는 시령이 왕상하고(월건) 태상이 승하여 일간을 생해준다. 음신 또한 申에 천후가 승하여 일간의 관성이 되어 길하다 본다. 일지 辰은 인성의 묘지가 되고, 그 상신은 관성의 묘신이 되어 관인의 묘상을 만들고 있다. 또한 그 음신인 戌은 현무가 승하여 일간의 재성이 된다.

第 100 法 이재흉도반무의(已災凶逃返無疑)

1. 결절격(結絶格) : 7局 返吟課 – 옛일을 회복하는데 이롭다.

2. 이흉제흉격(以凶制凶格) : 흉신인 묘신 冲神으로 凶을 制去.

豫題100 소송(訴訟)비리혐의 경찰 감옥 가겠나?

壬辰年 庚戌月 戊申日 申時 辰將 (空 – 寅卯) 命 – 庚子 年 – 午

壬	戊	甲
ヒ 子	靑 申	玄 辰
辰	子	申

癸	己	甲	寅
貴 丑	勾 酉	玄 辰	ヒ 子
戊 巳	丑	申	辰

貴 癸丑巳	后 ○寅午	陰 ○卯未	玄 甲(辰)申
ヒ 壬子辰	戊申日 5局		常 乙巳酉
朱 辛亥卯○			白 丙午戌
合 庚戌寅○	勾 己酉丑	靑 戊申子	空 丁未亥

■ **課體** : 重審課 · 斬關格 · 六儀格

■ **占斷** : 가정은 무너지고 형집행정지로 풀려나나 후에 재 수감될 수 있다.

■ 課象分析

1. 소송사에서 일간을 피고로 본다. 현재 일간상신 丑 귀인은 순미가 되고, 일지상신 辰은 순수가 된다. 타인의 음모에 의해 피고인이 형사건을 받고 있는 입장이고, 3전에 재성이 태왕하여 필시 뇌물 독직 사건으로 피고가 조사를 받는 상황이 된다. 또 일간상신 丑 귀인은 폐구가 되어 윗사람의 조력을 전혀 받을 수 없고, 도리어 일지 申의 묘신 이 되어 함정(자신의 범법행위)에 갇히는 격이 된다. 또한 일지상신 辰은 일간 戊(水土同宮)의 묘신이 된다. 간 • 지상 교차 묘신 이 되어, 마치 내가 벗어나려 사람을 잡으려 하다가 반대로 사람에게 잡히고, 일지상신 辰의 현무와 둔간의 암귀에게 도리어 음모를 당한다.

2. 간상 丑과 지상 辰은 서로 상파(相破)와 묘신을 봉하고, 지상 辰은 일간의 양인이 되어 반드시 수감된다. 또한 3전의 子,申,辰의 윤하격인 水局이 되는데, 천장 또한 등사, 청룡, 현무가 승하여, 이 역시 물속동물(水獸)이 되어 3전에 더욱 왕 해져, 가을인 戌月 의 정단에서 일간이 감당하기에는 힘이 부친다. 더더욱 간상 丑은 일간의 死神이 되어 더욱 어려움을 겪으나, 중전 申의 생기, 말전 辰의 천희가 되어도 구재가 어렵다.

3. 점자의 본명 子 상신 申은 청룡이 승하여 일간을 탈기하고, 행년 寅은 공망이 되어 일간의 귀살로 천후가 승하여 부인과의 관계도 원만치 못함이 나타난다. 따라서 점인은 형사건으로 고소(부정, 비리)당하는 형상이다. 중·말전의 생기와 천희도 재판과정중 형집행유예로 풀려날 수 있으나, 내년쯤 寅月이 지나면 본명상신 申과 형합이 되고 귀살이 살아나서, 다시 재수감될 가능성이 크다.

대육임 격 찾아보기

대육임 필법부 찾아보기

과전도

일목 이필문(一目 李彌文)

공주대학교 대학원 동양학과 석사

공주대학교 대학원 동양학과 박사

능인불교대학원 대학교 불교학과 수학중

전) 원광디지털대 평생교육원 필법부 강사

전) 동방문화대학원 대학교 평생교육원 육임학 강사

주) 대통인 육임, 성명학 강사

핵심 육임정석 84강 완강

81수리 성명학 24강 완강

저서

일목 육임정단사례

핵심 육임정석

육임역지 평주

현대육임 정단사례

대육임 필법부 100법 예제 정단해석

2021년 1월 8일 1판 인쇄
2021년 1월 15일 1판 발행

저 자 • 이필문
발행자 • **이영애**
발행처 • 공감북스
주 소 • 02001 서울시 중랑구 중랑천로 256
전 화 • 02-971-9683
팩 스 • 02-972-9683
등 록 • 제 25100-2015-18호
등록일 • 2015년 7월 15일
e-mail • sympathybook@naver.com

ISBN 979-11-86898-60-4 (93200)
정 가 27,000원